\親子で行きたい！/

Perfect Guide of Family Camping
東海

ファミリー キャンプ場
完全ガイド

地球デザイン 著

Mates-Publishing

CONTENTS

- 県別マップ ……………………………………………………… 4
- この本の使い方 ………………………………………………… 6
- より快適にキャンプを過ごすために …………………………… 8

大型・施設充実のキャンプ場
- 愛知県民の森キャンプ場（愛知・新城）…………………………… 12
- 三河高原キャンプ村（愛知・豊田）………………………………… 14
- 美濃白川アウトドアリゾートクオーレふれあいの里（岐阜・白川町）……… 16
- N.A.O. 明野高原キャンプ場（岐阜・郡上）………………………… 18
- 平湯キャンプ場（岐阜・高山）……………………………………… 20
- 奥飛騨温泉郷オートキャンプ場（岐阜・高山）……………………… 22
- 無印良品南乗鞍キャンプ場（岐阜・高山）…………………………… 24
- AIMIX自然村南乗鞍オートキャンプ場（岐阜・高山）……………… 26
- 鈴鹿サーキットファミリーキャンプ場（三重・鈴鹿）………………… 28

水遊び・釣りができるキャンプ場
- 仁崎キャンプ場（愛知・田原）……………………………………… 30
- 八曽モミの木キャンプ場（愛知・犬山）…………………………… 32
- アウトドア・ベース犬山（愛知・犬山）…………………………… 34
- くらがり渓谷キャンプ場（愛知・岡崎）…………………………… 36
- つぐ高原グリーンパーク（愛知・設楽）…………………………… 38
- 福岡ローマン渓谷オートキャンプ場（岐阜・中津川）……………… 40
- グリーンウッド関ヶ原（岐阜・関ヶ原）…………………………… 42
- ひるがの高原キャンプ場（岐阜・郡上）…………………………… 44
- 塔の岩オートキャンプ場（岐阜・中津川）………………………… 46
- 青川峡キャンピングパーク（三重・いなべ）……………………… 48
- 名阪森林パーク（三重・亀山）……………………………………… 50
- 孫太郎オートキャンプ場（三重・紀北）…………………………… 52
- きいながしま比幾海岸オートキャンプ場（三重・紀北）…………… 54
- 千枚田オートキャンプ場（三重・熊野）…………………………… 56
- 大久保キャンプ場（静岡・藤枝）…………………………………… 58

いろいろ体験できるキャンプ場

旭高原元気村（愛知・豊田）	60
まるかりの里久野川（岐阜・下呂）	62
飛騨金山の森キャンプ場（岐阜・下呂）	64
パスカル清見オートキャンプ場（岐阜・高山）	66
松阪市森林公園キャンプ場（三重・松阪）	68
志摩オートキャンプ場（三重・志摩）	70
御座白浜観光農園きゃんぷ村（三重・志摩）	72
キャンプ inn 海山（三重・紀北）	74
わかすぎの里キャンプ場（三重・津）	76
竜洋海洋公園オートキャンプ場（静岡・磐田）	78

遊具・広場・サイクリングありのキャンプ場

椛の湖オートキャンプ場（岐阜・中津川）	80
NEO キャンピングパーク（岐阜・本巣）	82
ロック・フィールド・いとしろ（岐阜・郡上）	84
島ヶ原温泉やぶっちゃ（三重・伊賀）	86
青山高原保健休養地キャンプ場（三重・津）	88
富士山こどもの国キャンプ場（静岡・富士）	90

ペット一緒 OK のキャンプ場

設楽オートキャンプ場（愛知・設楽）	92
休暇村伊良湖オートキャンプ場（愛知・田原）	94
根の上高原保古の湖キャンプ場（岐阜・恵那）	96
N.E.W. 奥長良キャンプ場＆WANKO（岐阜・郡上）	98
花街道オートキャンプ場（岐阜・中津川）	100
伊勢志摩御座岬オートキャンプ場（三重・志摩）	102
大淀西海岸ムーンビーチキャンプ場（三重・明和）	104
ＯＫオートキャンプ場（三重・伊賀）	106
伊勢志摩エバーグレイズ（三重・志摩）	108
猪の頭オートキャンプ場（静岡・富士宮）	110

県別広域 MAP

愛知

① 愛知県民の森キャンプ場 (P12)
② 三河高原キャンプ村 (P14)
③ 仁崎キャンプ場 (P30)
④ 八曽モミの木キャンプ場 (P32)
⑤ アウトドア・ベース犬山 (P34)
⑥ くらがり渓谷キャンプ場 (P36)
⑦ つぐ高原グリーンパーク (P38)
⑧ 旭高原元気村 (P60)
⑨ 設楽オートキャンプ場 (P92)
⑩ 休暇村伊良湖オートキャンプ場 (P94)

静岡

① 大久保キャンプ場 (P58)
② 竜洋海洋公園オートキャンプ場 (P78)
③ 富士山こどもの国キャンプ場 (P90)
④ 猪の頭オートキャンプ場 (P110)

岐阜

① 美濃白川アウトドアリゾートクォーレふれあいの里 (P16)
② N.A.O. 明野高原キャンプ場 (P18)
③ 平湯キャンプ場 (P20)
④ 奥飛騨温泉郷オートキャンプ場 (P22)
⑤ 無印良品南乗鞍キャンプ場 (P24)
⑥ AIMIX 自然村南乗鞍オートキャンプ場 (P26)
⑦ 福岡ローマン渓谷オートキャンプ場 (P40)
⑧ グリーンウッド関ヶ原 (P42)
⑨ ひるがの高原キャンプ場 (P44)
⑩ 塔の岩オートキャンプ場 (P46)
⑪ まるかりの里久野川 (P62)
⑫ 飛騨金山の森キャンプ場 (P64)
⑬ パスカル清見オートキャンプ場 (P66)
⑭ 椛の湖オートキャンプ場 (P80)
⑮ NEO キャンピングパーク (P82)
⑯ ロック・フィールド・いとしろ (P84)
⑰ 根の上高原保古の湖キャンプグラウンド (P96)
⑱ N.E.W. 奥長良キャンプ場＆WANKO (P98)
⑲ 花街道オートキャンプ場 (P100)

三重

① 鈴鹿サーキットファミリーキャンプ場 (P28)
② 青川峡キャンピングパーク (P48)
③ 名阪森林パーク (P50)
④ 孫太郎オートキャンプ (P52)
⑤ きいながしま比幾海岸オートキャンプ場 (P54)
⑥ 千枚田オートキャンプ場 (P56)
⑦ 松阪市森林公園キャンプ場 (P68)
⑧ 志摩オートキャンプ場 (P70)
⑨ 御座白浜観光農園きゃんぷ村 (P72)
⑩ キャンプ inn 海山 (P74)
⑪ わかすぎの里キャンプ場 (P76)
⑫ 島ヶ原温泉やぶっちゃ (P86)
⑬ 青山高原保健休養地キャンプ場 (P88)
⑭ 伊勢志摩御座岬オートキャンプ場 (P102)
⑮ 大淀西海岸ムーンビーチキャンプ場 (P104)
⑯ ＯＫオートキャンプ場 (P106)
⑰ 伊勢志摩エバーグレイズ (P108)

この本の使い方を紹介

各ジャンルを色分けで表示

本誌ではファミリーキャンパーが用途からキャンプ場を選べるように、「大型・施設充実」「水遊び・釣り」「いろいろ体験」「遊具・広場・サイクリングあり」「ペットも一緒OK」の5ジャンルに分けキャンプ場を紹介しています。特にそのキャンプ場がそのジャンルに特化していることを目安に、そのジャンルといたしました。
（※サイトによっては他ジャンルも網羅するものもあります）

キャンプ場の概要を解説

写真と文章でキャンプ場の概要を解説しています。

大型&施設充実

愛知〈新城〉　あいちけんみんのもりきゃんぷじょう
愛知県民の森キャンプ場
☎0536-32-1262　愛知県新城市門谷字鳳来寺7-60
http://www.aichi-park.or.jp/kenmin/

自然を満喫！親子で楽しむアウトドアライフ

山と川に囲まれ、豊かな自然を存分に満喫できるキャンプ場。572ヘクタールの広大な森の中では、春は新緑、夏は川遊び、秋は紅葉、冬は静かな森と、四季を通じて様々な自然が体感ができる。ハイキングコースをはじめ、木材原生林や生活の樹木展示林などの森林、バードサンクチュアリー、運動広場があり、こどもたちの自然体験スポットとして最適。
　多目的広場や水遊び場もあり。屋根付き炊事場を完備するオートキャンプ場もあるため初めての家族キャンプでも安心して過ごせる。

バンガローは小さなこども連れの家族に特に人気

身近に自然を感じられるオートキャンプ場

【注意】
※本誌に掲載されているデータは2016年3月現在のものです。取材後に変更されている場合がありますので、おでかけの前にはそれぞれのキャンプ場にご確認ください。
※巻頭の県別広域および施設ごとの地図に関しては、おおよその位置を表示するものです。山中のキャンプ場も多いこともありアクセスには充分ご注意ください。アクセスに関しては、おでかけ前にそれぞれのキャンプ場にご確認することをおすすめします。

特にファミリーキャンプで
特記すべき情報をクローズアップ
しました。

ここにも注目!!

INFORMATION

◎予約方法
利用日の1年前から、電話にて予約受付が可能。

◎開設期間　通年

◎料金
※オートサイト
1区画2600円～3600円
※常設テント
1張450円
※バンガロー
1棟2600円～4000円

◎サイト数
※オートサイト：5サイト
※常設テント：125サイト
※バンガロー：13棟

◎利用時間
IN14:00　OUT12:00

◎期間中休み
月曜（7・8月は営業）
12月28日～1月3日（年末年始）

◎備考（注意事項・周辺情報）
場内での花火や、指定場所以外での火の使用は禁止。施設内にはモリトピア愛知が併設され、日帰り入浴（AM11:00～15:30、受付終了15:00）や、レストランなどの利用も可能。デイキャンプ可。

◎アクセス
新東名高速道路新城ICから国道151号線を北東へ約14km

ここにも注目!!

キャンプファイヤーで思い出づくり

夏休みの8月中（期間限定）には、キャンプ場利用者で楽しむ合同キャンプファイヤーを開催。幻想的な炎を囲みながら、日常生活では味わえない森の一夜を親子で楽しみたい。

レンタル品ガイド
寝板100円、毛布100円、飯ごう100円、鍋100円、鉄板100円、薪（コワ）300円、木炭（3kg）600円m、電源（オートキャンプ、バンガロー）300円など

売店＆食材販売情報
施設内で薪（1束300円）、木炭（3kg600円）の購入は可能だが、食材の販売はなし。近隣にはコンビニやスーパーなどがないので食材は事前準備がおすすめ。

バンガロー＆コテージ
ママ友と気軽にお泊まり!!
バンガロー（2600円～4600円/約6畳）は13棟あり、14:00～翌12:00まで利用可能。AC電源（300円）をはじめ、夏は扇風機、冬はコタツがACコンセントで使用できる。

INFORMATION

◎予約方法
どのような方法で予約ができかを説明しています。

◎開設期間
キャンプ場を利用できる期間を示しています。

◎料金
オートサイトやテントサイトなどそれぞれのサイトや宿泊施設の料金を示しています。

◎サイト数
場内にあるそれぞれのサイトや宿泊施設の数を示しています。

◎期間中休み
キャンプ場開設期間中の休業日を示しています。

◎備考（注意点・周辺情報）
注意事項や周辺情報など特にファミリー向けの付帯情報を掲載しています。

レンタル品ガイド
場内でレンタルできる主なものについて紹介しています。

売店＆食材販売情報
場内に売店があるか？ある場合はどんなものが買えるか？ない場合は近隣にお店などあるか？特に食材購入について紹介しています。

バンガロー＆コテージ
場内のバンガローやコテージなどの情報が掲載されています。ママ友・大人数キャンプなどにお役立てください。バンガロー等がないキャンプ場については、この部分の掲載はありません。

イラストアイコンで速攻チェック!!

イラストアイコン
一目で施設の概要がわかります。該当する場合はカラーイラストで、該当しない場合はモノクロイラストで、一部該当する場合は「一部該当」の文字で表しました。

飲食店
飲食店があり

風呂・シャワー
入浴施設あり

ランドリー
コインランドリーあり

AC電源
AC電源あり

食材販売
食材の販売あり

24時間管理
24時間管理人が在中

直火OK
直火使用可

ICより30分以内
最寄りのICから30分以内で到着

より快適にキャンプを過ごすために

より快適なキャンプは まずイメージそしてリサーチ！！
〜どんな場所で楽しみスムーズに過ごせるか〜

快適なキャンプを過ごすために大切なのは、ズバリ「スケジュールづくり」。「予約できたし、行けば何とかなる」的な無計画さだと、無駄な時間を過ごしてしまうことが多く、せっかくのファミリーキャンプでヘトヘトに疲れてしまうかも。そこで、スケジュールづくりの注意点と予約時でのキャンプ場リサーチするポイントを解説します。

スケジュールづくりの注意点！&リサーチポイント！

こんな考えはNGかも!?　　**自宅からの時間**　　備えて、調べて安心！！

昼食は早めに！！
・昼食はどこか途中で済ませよう。
・食材はどこか途中で買えばいい。
意外に時間のロスになる

・道路情報、渋滞情報を調べる。
・市街地の飲食店、スーパーを事前にリサーチする。
・保冷材はOK？

チェックインの時間

・現地に着けばすぐにサイトへ入れて設営できるだろう。

・混み合い状況は？当てにしていたレンタル品は借りられるか？
・フリーサイトの場合、自動車はどこまで入れるか？

サイトの設営時間 遊び時間

・夕食準備も遊びの一環！みんなで夕食づくり

遊びも時間管理
・夕食までたっぷり子どもと遊べるだろう。夕食準備は遊んだ後にゆっくりやればいい。

・遊び場からサイトまでの距離は？
・スムーズに夕食を作るために、下ごしらえをどこまでやるか？
・時にはパパ、ママ役割分担で
・暗くなる時間は？

夕食の準備時間 夕食

・朝食は明日の朝に考えよう。
・洗い物は明日の朝にしよう。

・起きたらすぐに朝食準備に取りかかるために。
・後片付けやゴミ捨ては？

2 勝負はいかに食事を楽しくスムーズに楽しめるか
夕食の準備のポイント

楽しく遊んだ後、いざ夕食の準備へ。「あっ、水がない!! 汲みに行かないと!!」と大あわてに。そのうち子どもたちが「ママ、パパ、ごはんまだ!! お腹空いたよ!!!」などと言い出したら、せっかくのキャンプも…。楽しいキャンプは食事の段取りで決まります。

水場や炊事場とサイトとの距離を念頭に

食事をはじめ、水の確保はサイトの設営と同時にやっておこう。また、水汲みついでに炊事場への道中や距離を下見しておき、夕食の段取りがスムーズに行くように活かそう。

便利グッズ!!

蛇口付きウォータータンク
ただ水を汲めればよいというのではなく、サイトでの使い勝手も考えてチョイスしよう！

折りたたみ式キャリーカート
重い水タンクなどを運ぶのに最適

後片づけもスムーズに ゴミの分別も先に考える

多くの場合場内にゴミ捨て場があります。最初に分別方法をチェックし、調理や食事後に分別しておけば、帰りに分別する手間が省けます。

ゴミ専用スタンド
最初から分別に心がければ撤収時が楽に

炭火＋BBQから卒業してみては？
熱源で夕食を演出!!

※事前に焚き火台が使用できるかを確認しましょう。

直火不可でも使える「焚き火台」!!

焚き火の瞬きは美しく、裸火を見ているだけでキャンプ気分が高まります。直火不可でも焚き火ができるアイテムがコレ!! 夕食も盛り上がる。

便利グッズ!!

より快適にキャンプを過ごすために

3 ここもチェックすれば より快適に、そして安全に!!
~家族と安心して過ごしたいための8項目~

ハイシーズンのGWや夏休み期間など特に大勢の人で混雑します。ハメをはずし過ぎると近隣のキャンパーとトラブルなんてことも。キャンプ場には様々なルールもありますから、それを事前にチェックしておくことも大切!!また、普段暮らしていない大自然の中、天候の変化、それに伴う状況の変化、まさかの時も想定しておくことも大切です。

① サイト場所が選べるなら、天候と相談して決める。ゆったり過ごしたいならサイトの独立性もポイント!!

サイトが自由に選べる場合、地面の状態や施設との距離をチェック。天候が悪くなりそうな場合、水はけの良い場所や木の下を選ぼう（木の下は雷雨の場合は要注意）。夜は家族で静かに過ごしたいなら、混雑しそうな場所から離れて独立性の確保に心がけたい。

夜は親子で静かに語り合うのもいいかも

② 場内や近くで花火はできるか？期間中にイベントや体験企画はあるか？レンタルサイクルなどは？

花火は防火とほかのキャンパーへの配慮から禁止しているキャンプ場もあるので事前に可能かを要確認。夏休み期間中などは親子向けイベントや体験企画（本誌でも一部を紹介）を開催している所も多いのでここもチェック！また、レンタルサイクルなど遊具レンタルにも注目!!

③ 光源は3つ以上＋携帯ミニライト。ランタンの使い回しは意外に不便。明るい内に寝場所を整理しよう。

日没後、多くのキャンプ場が暗闇につつまれます。1テント＋1タープならば光源は、全体を照らすサイトライト1、テーブルを照らすテーブルライト1、テントを照らすテントライト1の最低3つが必要。加えてトイレなどへ行く際に必要な携帯用のミニライトも常備したい。

④ **トイレは昼間にチェック!!**
シャワーや入浴時間、道中も下見。
簡単な手洗いはサイトでできるように。

　トイレは明るい内にチェックしておこう。明かりはどこで点けるのか？トイレットペーパーはあるか？
　シャワーや入浴施設がある場合は、チェックイン時に利用時間や場所、設備をチェック。また、サイトからの道中で危険箇所がないかも確認しておこう。

 ⑤ **管理体制は24時間？**
近くの救急病院？AEDは？
自前の救急箱も準備しておこう!!

　夜は管理棟が閉まってしまうキャンプ場もあります。もしもの時に、キャンプ場近くの救急病院やAED（自動体外式除細動器）の有無などもリサーチしておきたい。また、自前の救急箱を持参しておけば、軽度のケガや調理中のアクシデントなどにすぐに対処できます。

 ⑥ **遊び場（特に水辺）での危機管理。**
上流の天候の変化にも気配りを。
パパ、ママは飲酒して水に入らないで。

　最近では「ゲリラ豪雨」による水辺での被害も。特に水辺では天候が悪化し出したら早めに上がろう。山間部では川の上流部の天候の変化にも要注意。また、子どもが水辺で遊んでいる時は必ず大人が監視役に。パパ、ママの安全も考えて飲酒したら絶対に水には入らないで。

 ⑦ **海キャンプでは**
熱中症対策も!!

　涼しい高地の山キャンプ、渓谷キャンプなら寒暖の差に注意。特に気をつけたいのは海キャンプでの熱中症対策。定期的に適度な水分をとり、日除けにも心を配りたい。

 ⑧ **山キャンプでは**
虫除け対策も!!

　山キャンプで意外に困るのが虫への対策。快適に過ごすために、蚊帳のようにタープ内を覆ってしまうタープスクリーンなどもある。
虫除けグッズや虫除けスプレーなどは持参しよう。

大型&施設充実

愛知(新城) あいちけんみんのもりきゃんぷじょう

愛知県民の森キャンプ場

☎0536-32-1262　愛知県新城市門谷字鳳来寺7-60
http://www.aichi-park.or.jp/kenmin/

自然を満喫！親子で楽しむアウトドアライフ

　山と川に囲まれ、豊かな自然を存分に満喫できるキャンプ場。572ヘクタールの広大な森の中では、春は新緑、夏は川遊び、秋は紅葉、冬は静かな森と、四季を通じて様々な自然が体感ができる。ハイキングコースをはじめ、木材原生林や生活の樹木展示林などの森林、バードサンクチュアリー、運動広場があり、こどもたちの自然体験スポットとして最適。

　多目的広場や水遊び場もあり。屋根付き炊事場を完備するオートキャンプ場もあるため初めての家族キャンプでも安心して過ごせる。

バンガローは小さなこども連れの家族に特に人気

身近に自然を感じられるオートキャンプ場

INFORMATION

◎**予約方法**
利用日の1年前から、電話にて予約受付が可能。

◎**開設期間** 通年

◎**料金**
※**オートサイト**
1区画2600円〜3600円
※**常設テント**
1張450円
※**バンガロー**
1棟2600円〜4000円

◎**サイト数**
※**オートサイト**：5サイト
※**常設テント**：125サイト
※**バンガロー**：13棟

◎**利用時間**
IN14:00 OUT12:00

◎**期間中休み**
月曜（7・8月は営業）
12月28日〜1月3日（年末年始）

◎**備考（注意事項・周辺情報）**
場内での花火や、指定場所以外での火の使用は禁止。施設内にはモリトピア愛知が併設され、日帰り入浴（AM11:00〜15:30、受付終了15:00）や、レストランなどの利用も可能。デイキャンプ可。

アクセス
新東名高速道路新城ICから国道151号線を北東へ約14km

ここにも注目!!

夏休みの8月中（期間限定）には、キャンプ場利用者で楽しむ合同キャンプファイヤーを開催。幻想的な炎を囲みながら、日常生活では味わえない森の一夜を親子で楽しみたい。

キャンプファイヤーで思い出づくり

レンタル品ガイド

寝板100円、毛布100円、飯ごう100円、鍋100円、鉄板100円、薪（コワ）300円、木炭（3kg）600円m、電源（オートキャンプ、バンガロー）300円など

売店＆食材販売情報

施設内で薪（1束300円）、木炭（3kg600円）の購入は可能だが、食材の販売はなし。近隣にはコンビニやスーパーなどがないので食材は事前準備がおすすめ。

バンガロー＆コテージ

ママ友と気軽にお泊まり!!

バンガロー（2600円〜4600円/約6畳）は13棟あり、14:00〜翌12:00まで利用可能。AC電源（300円）をはじめ、夏は扇風機、冬はコタツがACコンセントで使用できる。

イラストアイコンで速攻チェック!!

愛知(豊田)　みかわこうげんきゃんぷむら

三河高原キャンプ村

☎0565-90-3530　愛知県豊田市東大林町半ノ木2
http://www.mikawakougen.com/

のどかな牧場の風景が広がるアウトドア施設

　愛知高原国定公園のほぼ中央に位置するキャンプ場。標高600mに広がる360度大パノラマの向こうには美しい山々を一望することができる。区画型、林間エリア、牛の見える開放的な草地など多彩なサイトがあり、ファミリーなどのリピーターも多い。

　場内ではテニスを楽しんだり、朝霧池でルアー釣りやフライ釣りにチャレンジしたり。初心者も安心の「手ぶらでOKBBQセット」（2200円/2名〜）を予約して手軽にバーベキューを楽しむのもおすすめ！

バンガローには車1台が横付けできる

屋根付きバーベキュー場なら雨でも安心！

INFORMATION

◎**予約方法**
電話予約のみ
※3か月前から予約可能

◎**開設期間**　通年

◎**料金**
　※**入村料**
　大人600円、小人400円
　※**テントサイト**
　1区画2900円～
　※**オートキャンプ**
　1区画4000円～
　※**バンガロー**
　1棟5300円～26300円

◎**サイト数**
　※**キャンプサイト**：80サイト
　※**バンガロー**：11棟

◎**利用時間**
　IN13:00　OUT11:00

◎**期間中休み**
　木曜

◎**備考（注意事項・周辺情報）**
ペット同伴の場合は事前に連絡をしよう（※バンガロー内はケージ必要となる）。お風呂は予約状況により営業時間が異なる。

アクセス
東名環状道豊田松平ICから車で約30分

ここにも注目!!

MTBコースにチャレンジ！

MTBトレイルパーク「26ISM」があり、初心者向けと上級者向けの2コースを完備。レンタルバイクやキッズエリアもあるので、家族みんなでトライしよう！

レンタル品ガイド
テント3400円、毛布550円、ランタン1150円、包丁260円、まな板210円、飯ごう260円、鉄板580円、アミ350円、鍋210円、電源1150円など

売店＆食材販売情報
炭（3kg/600円）、薪（400円）などアウトドア用品、日用品、調味料などは販売しているが食材の販売はなし。生鮮食品や飲料は事前準備が必要。

バンガロー&コテージ
ママ友と気軽にお泊まり!!

広さの異なる4タイプのバンガロー（5300円～）に宿泊の場合、専用の屋根付きバーベキュー場やシャワー室が無料で利用できる。寝具はないので持参しよう。

イラストアイコンで速攻チェック!!

岐阜(白川町) みのしらかわあうとどありぞーとくおーれふれあいのさと

美濃白川アウトドアリゾート クオーレふれあいの里

☎0574-72-2462　岐阜県加茂郡白川町和泉181-1
http://e-900.com/

リゾートキャンプを家族で楽しもう!!

　「アウトドアエリア」「さかなワクワク公園エリア」「笹平高原エリア」を併設したアウトドアリゾート。夏季にはサイト沿いの清流、白川で川遊びができ、特にシーズンには多くの利用者でにぎわう。広大な芝生広場ではレクリエーションスポーツや、パターゴルフなどを楽しめる。バレーボールやゴルフ用品などのレンタルもあるので事前準備なしでもOKだ。
　バーベキューハウスと食材セットを事前予約すれば、手ぶらでバーベキューができるというお手軽感も魅力的。

約100㎡のゆったり広さのオートキャンプサイト

広い芝生広場では色々な遊びができるぞ

INFORMATION

◎ **予約方法**
電話予約(受付時間08:30〜17:00)
※利用予定月の半年前から。

◎ **開設期間**　通年

◎ **料金**
※**入場料**　1人120円
※**オートサイト**
1区画4000円
※**フリーテントサイト**
テント持ち込みで1張2500円
※**他**
駐車料金:300円、清掃協力費:100円

◎ **サイト数**
※**オートサイト：**10サイト
※**フリーテントサイト：**100サイト

◎ **利用時間**
オートキャンプサイト、バンガロー
　IN14:00　OUT11:00
フリーテントサイト
　IN12:00　OUT12:00

◎ **期間中休み**　なし

◎ **備考（注意事項・周辺情報）**
冬の期間は凍結防止の為、シャワーは使用不可。繁忙期のみ24時間管理(宿直者あり)フリーテントサイトのみ直火OK。

アクセス
東海環状自動車道美濃加茂ICから車で約40分

POINT! ここにも注目!!

釣りや魚の手づかみ体験ができる！

渓流小公園「アクア・パルコ」ではニジマス釣りやマスつかみが気軽に楽しめる。捕ったマスはすぐにさばいて塩焼きで食べたり、お持ち帰りが可能。自然の恵みを満喫しよう。

レンタル品ガイド
タープテント2000円、バーベキューコンロ1500円、毛布300円、飯ごう300円、鉄板300円、金網300円、テーブル1000円、パターゴルフ(1人)500円、グランドゴルフ(1人)500円、ソフトバレーボール300円

売店＆食材販売情報
黒川の鶏ちゃん(1袋/370円)、あんしん豚(1袋/520円〜)、白川セット(豚肉:1500円、牛肉:2000円/要予約)など人気の食材のほか、ビール、白川茶などの飲料も販売。

バンガロー&コテージ
ママ友と気軽にお泊まり!!
コテージ(20000円〜)は全17棟あり、貸別荘スタイルの宿泊施設。バンガロー(8名定員ACコンセント付10000円ほか)は全27棟あり、周辺にバーベキューハウスを完備。

イラストアイコンで速攻チェック!!

一部該当

一部該当
一部該当

大型&施設充実

岐阜(郡上)　エヌ・エー・オーあけのこうげんきゃんぷじょう

N.A.O.明野高原キャンプ場

☎0575-72-6758　岐阜県郡上市高鷲町鮎立5434
http://www.naocorporation.com/

施設も多彩!!ペットもOK!!

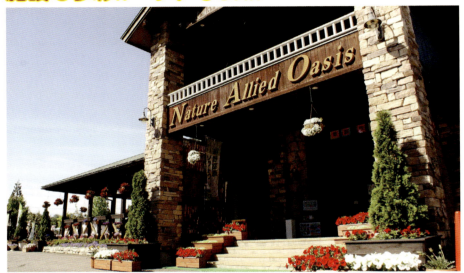

　水辺や子どもが遊べる遊具、初心者でも気軽に楽しめる乗馬体験など、魅力満載のキャンプ場。夏にはじゃぶんこ池で自由に水遊びをしたり、小川で釣りを楽しんだり…季節によって様々な自然体験ができるぞ。

　場内にはカートに乗って恐竜探検ができるライド型冒険アトラクション「DINO ADVENTURE RIDE」も完備されている。迫力満点の恐竜ワールドにはこどもも大人も大興奮！外周に柵が設置されたペットと泊れるキャンプサイトもあり、ワンちゃんと一緒でも利用できちゃう。

暑い日にはじゃぶんこ池で水遊びを満喫！

小川でゆったりと釣りを楽しむのもいい

INFORMATION

◎予約方法
電話予約

◎開設期間　通年

◎料金
　※オートサイト
　　シングルサイト(3500円～)
　　電源付き(4500円～)
　※ペット専用わんこパラダイス
　　柵付きサイト（5100円～)
　　電源付き(6100円～)
　　VIPサイト(7100円～)
　※バンガロー　1棟8350円～
　※コテージ　1棟24000円

◎サイト数
　※オートサイト：100サイト
　※バンガロー：16棟
　※コテージ：21棟

◎利用時間
　IN12:00　OUT11:00

◎期間中休み
　なし

◎備考（注意事項・周辺情報）
シャワーは3分/100円で24時間利用可。ペット連れのお客様は、専用の柵付きサイト「わんこパラダイス」での宿泊となる。コテージも同様、ペット専用コテージでの宿泊なら可。

アクセス
東海北陸自動車道・高鷲ICより車で5分

ここにも注目!!

迫力の恐竜体験！

迫力満点のディノアドベンチャーライドは、カートに乗って大自然の森の中をクルーズしながら恐竜探検ができる設備。実寸大の恐竜たちが鳴いたり動く姿を近くで見てみよう！

レンタル品ガイド

ドーム型テント(3000円)、タープ(2000円)、BBQコンロ(2000円)、テーブル・イスセット(1000円)、イス(200円)、シュラフ(500円)、毛布(300円)、ランタン(500円)、鉄板(500円)、あみ(300円)など

売店＆食材販売情報

缶ビール(350円)、缶チューハイ(250円)、ロックアイス(250円)、炭(3kg/580円)、薪(1束/550円)、着火剤(200円)、キャンプ場から車で10分の場所にスーパーがある。

バンガロー＆コテージ
ママ友と気軽にお泊まり!!

バンガローは全16棟、コテージは全26棟もあり、広々とした空間で快適に過ごせるようになっている。チェックイン・アウトの時間などはお問い合わせください。

イラストアイコンで速攻チェック!!

岐阜(高山) ひらゆきゃんぷじょう

平湯キャンプ場

☎0578-89-2610　岐阜県高山市奥飛騨温泉郷平湯768-36
http://www.hirayu-camp.com/

大型＆施設充実

本格派アウトドア＆長期滞在におすすめ！

　平湯温泉街からも近く、周辺には観光スポットが点在する利便性抜群のキャンプ場。北アルプスを望む大自然に抱かれた場内には、白樺林に囲まれた広大なフリーサイトを完備。約200台を収容できる駐車スペースも完備し、チェックイン順に好きな場所に設営できるシステムも人気の秘密。

　炊事棟やトイレも十分な数を完備しているので、快適なファミリーキャンプが過ごせる。ペットと一緒に散歩を楽しんだり、徒歩10分の温泉「ひらゆの森」で湯浴みをしたり、思い思いのアウトドアを楽しみたい。

秋は森林の紅葉美を楽しみながらキャンプしよう

森の中のテントサイトは夏でも涼しく快適！

INFORMATION

◎**予約方法**
電話予約

◎**開設期間**
4月中旬〜11月15日

◎**料金**
※**入村料**
大人700円、小人500円
※**車代（1台）**
1000円〜※夏季料金あり
※**常設テント**
2500円
※**バンガロー**
1棟5800円〜7800円

◎**サイト数**
※**キャンプサイト：**300サイト
※**バンガロー：**10棟

◎**利用時間**
IN8:00　OUT12:00

◎**期間中休み**
なし

◎**備考（注意事項・周辺情報）**
バンガローの利用時間はIN14:00　OUT10:00。施設内・テント内へのペット同伴は禁止。歩いて10分の所にたくさんの露天風呂が魅力の『ひらゆの森』があり。コインランドリーやシャワーなども完備。

アクセス
東海北陸自動車道飛騨清見ICから車で約60分

POINT! ここにも注目!!

常設テントもゆったりサイズ！

設営済みの常設テントは6人用のゆったりサイズ。車もすぐ横に駐車できるので、初心者キャンパーや、こども連れのファミリーにおすすめ。気軽にアウトドアを楽しもう！

レンタル品ガイド

毛布200円、シュラフ500円、ランタン700円、飯盒100円、鍋100円など

売店＆食材販売情報

炭（700円）、薪（500円）、氷（350円）などのアウトドア用品の他、カップ麺、お菓子、飲料などを販売。生鮮食品などは販売がないので、事前に準備が必要。

ママ友と気軽にお泊まり!!　バンガロー＆コテージ

ロフト付きの快適なバンガロー（5800円〜7800円）は、トイレあり・なしの2タイプがある。どちらも水場があり、車は隣接して駐車ができる。

イラストアイコンで速攻チェック!!

大型&施設充実

岐阜（高山）　おくひだおんせんきょうおーときゃんぷじょう

奥飛騨温泉郷オートキャンプ場

☎0578-89-3410　岐阜県高山市奥飛騨温泉郷田頃家11-1
http://www.okuhida-camp.com/

北アルプスを望む抜群のロケーションが人気

　北アルプスの麓に位置し、雄大な焼岳を望むリゾートオートキャンプ場。抜群のロケーションはもちろん、売店や炊事場、露天風呂などを完備。ちびっこ広場、遊具、釣堀、夏場には水遊び場がオープンするなど家族キャンパーにうれしい施設も充実している。

　夏休み中に開催される魚のつかみ取り体験や、レンタルサイクルでの場内散策など、大自然を思う存分を満喫できるのも魅力的。周辺には、世界遺産である白川郷をはじめ、観光スポットが点在している。

緑に囲まれたキャンプサイトでリフレッシュ

垣根で区切られたAC電源付きサイト

INFORMATION

◎予約方法
電話またはFAX

◎開設期間
4月第2土曜日〜11月第1土曜日

◎料金
※入場料
大人500円、小人300円

※テントサイト
サイトⅠ：5000円＋AC付電源料1泊700円
サイトⅡ：4000円
サイトⅢ：3500円
※ゴミ回収協力金：300円

◎サイト数
※サイト：175サイト

◎利用時間
IN13:00　OUT11:00

◎期間中休み
なし

◎備考（注意事項・周辺情報）
シャワー 8分200円、コインランドリー 洗濯200円、乾燥100円。シャワー・露天風呂の利用時間は6:00〜22:00（無料）。デイキャンプ 9:00〜16:00、大人1000円、小人500円。

アクセス
高山清見道路高山ICから車で約80分
長野自動車道松本ICから車で約80分

POINT! ここにも注目!!

場内に露天風呂！

キャンプ場内にはキャンパー専用の露天風呂を完備。6:00〜22:00の時間帯なら何度でも使用でき、利用料は無料。満点の星空を眺めながら、ゆっくり体を癒そう。

レンタル品ガイド

テント3000円、タープ2000円、シュラフ700円、ランタン500円、テーブル500円、イス300円、クッキングセット800円、マウンテンバイク 1時間300円、子ども用自転車1時間300円、毛布300円など

売店＆食材販売情報

売店ではアルコール、氷、アイスクリーム、インスタント麺、調味料、キャンプ用品などを販売。季節によって取扱品目の変更があるので、食材等は事前に準備しよう。

イラストアイコンで速攻チェック!!

大型&施設充実

岐阜(高山) むじるしりょうひんみなみのりくらきゃんぷじょう
無印良品南乗鞍キャンプ場
☎03-5950-3660　岐阜県高山市高根町子ノ原高原
http://www.muji.net/camp/

大自然の中で本格的なアウトドアライフを

　乗鞍岳と御嶽山が展望できる標高1600mの高原に位置し、日本最大級の100万㎡の広大な敷地を誇るキャンプ場。貴重な亜高山帯の植物が自生し、大自然を身近に感じられるとあって幅広い世代からの人気が高い。
　好みに合わせて選択できる多彩なサイトをはじめ、ドッグラン、釣り池、マウンテンバイクコースなど施設も豊富。カヤックなど多数の体験ができ、アウトドアをとことん楽しみたい人はもちろん、キャンプ用具の一式レンタル、無印良品の商品販売もあるので、初心者キャンパーにもおすすめ。

大自然の中で乗鞍岳を望めるテントサイト

場内では6つのMTBコースが楽しめる

INFORMATION

◎**予約方法**
手数料会費無料のMUJI.netメンバー登録後、電話、インターネットで予約可能。

◎**開設期間**
5月下旬～10月中旬

◎**料金**
1泊2日
大人2160円（中学生以上）
小学生1080円
幼児 無料

◎**サイト数**
※**オートサイト：**200サイト

◎**利用時間**
IN13:00　OUT12:00

◎**期間中休み**
なし

◎**備考（注意事項・周辺情報）**
キャンプ場内に露天風呂を完備。
ペット同伴の場合、指定の同伴可能エリアのみ利用可能。
大型車の乗り入れは大型車両利用可能サイトを利用。
※詳しくはホームページをご覧下さい。

アクセス
中部縦貫自動車道高山ICから高山市街地経由、361号線を車で約60分

ここにも注目!! POINT

アウトドア教室が楽しめる！

大人気のカヤック、マウンテンバイク、探索、釣り、料理、クラフトなど多種多様なプログラム楽しめるアウトドア教室を開催！焚き火でクッキングなど、こども教室も充実。

レンタル品ガイド
MTB（26型、24型）1時間648円、MTB（26型、24型）1泊2日3240円、ベーシックセット（キャンプ用具一式）12960円、テント（4～5人用）4320円、タープ2700円～、シュラフ1080円、毛布756円、クッキングストーブセット脚付1080円、包丁まな板セット324円など

売店＆食材販売情報
食料品、薪、木炭、ホワイトガソリンなどキャンプに必要な備品のほか、無印良品の衣類や生活雑貨も販売されている。生鮮食品は入荷しない場合もあるので注意。高山市内のスーパーまでは車で約60分。

イラストアイコンで速攻チェック!!

大型&施設充実

岐阜(高山) あいみっくすしぜんむらみなみのりくらおーときゃんぷじょう

AIMIX自然村南乗鞍オートキャンプ場

☎0577-59-2727　岐阜県高山市高根町阿多野郷594
http://www5d.biglobe.ne.jp/~aimix/

乗鞍岳の中腹にあり夏でも涼しく快適!!

　乗鞍岳の中腹約1500mに位置し、夏でも涼しく快適なアウトドアライフが過ごせる人気のオートキャンプ場。全てにAC電源を完備したサイトは、樹木で区切られたプライベート空間。水道・流し台付きサイトをはじめ、キャンパー、トレーラーハウス、バンガローなど宿泊施設も豊富にそろい、快適な家族キャンプが満喫できるとあってリピーターも多い。
　近隣には観光スポットや日帰り温泉施設なども多く、観光拠点として活用できる。乗鞍の大自然に抱かれながら贅沢な休日が過ごせる。

トレーラーは電源、水道、冷蔵庫なども完備

山小屋の雰囲気を満喫できるバンガロー

INFORMATION

◎予約方法
インターネットまたは電話

◎開設期間
4月1日〜10月31日

◎料金
　※オートサイト
　1区画5400円〜
　※バンガロー
　1棟6480円〜10800円
　※キャンパー
　1棟14040円
　※キャンピングトレーラー
　1台17280円〜21600円

◎サイト数
　※オートサイト：110サイト
　※バンガロー：14棟
　※キャンピングトレーラー：10台

◎利用時間
　IN14:00　OUT12:00

◎期間中休み　なし

◎備考（注意事項・周辺情報）
場内へのペット同伴は可能。一式レンタルの詳細は問合わせを。キャンプ場の上方200mから簡単に飛騨川源流に降りることができる。渓流釣りも気軽に楽しめる。

アクセス
中央自動車道松本ICから車で約60分

ここにも注目!!

森林の中の遊歩道を歩こう！

木立の並ぶ遊歩道は、森林浴やサイクリングにぴったり。日々の喧騒から離れ大自然の雄大さを感じながら、心ゆくまで北アルプスの大自然を満喫しよう。

レンタル品ガイド

テント4320円、タープ1620円、スクリーンテント1620円、バーベキューセット540円、アルミテーブル1620円、チェアー540円、シュラフ540円、毛布324円、カセットコンロ1404円、ランタン1620円など

売店＆食材販売情報

薪、炭、着火剤などのアウトドア用品、お菓子やカップ麺などの販売、飲料自動販売機の設置はあるが、生鮮食品の販売はなし。食材は事前に準備をしよう。

バンガロー＆コテージ

ママ友と気軽にお泊まり!!

山小屋を思わせるバンガローは（6480円〜）は14棟。小さいこども連れのファミリーなどに人気の宿泊施設。全てAC電源付きなので、電化製品や調理器具の使用もOK。

イラストアイコンで速攻チェック!!

三重（鈴鹿）　すずかさーきっと ふぁみりーきゃんぷ
鈴鹿サーキット ファミリーキャンプ

☎059-378-5489　三重県鈴鹿市稲生町7992
http://www.suzukacircuit.jp/camp_s/

初心者もらくらく！気軽に楽しむアウトドア

　天然温泉、遊園地など多彩な施設に隣接する人気のオートキャンプ場。
必要な基本用品が揃った「らくらくオプション」なら手ぶらで気軽にアウトドアライフが満喫できるので、キッズと一緒のキャンプやキャンプデビューにおすすめ！「らくらく電源付きサイト」は到着時点で基本用品がセットアップされており、電気製品の使用や料理にも最適。バーベキューやアウトドアライフを満喫したあとは、天然温泉でリラックスしたり、遊園地を楽みながら、家族で思い出に残る一日を過ごそう。

三重県産ヒノキのテーブルとベンチを使用

ゆうえんち「モートピア」に隣接

INFORMATION

◎予約方法
インターネット、または電話での予約が可能

◎開設期間　3月〜11月末

◎料金
※オートサイト
ウッドデッキサイト（テラス）
　　　　　　　　　13000円〜
ウッドデッキサイト　11000円〜
らくらく電源付サイト10500円〜
らくらくフリーサイト　9500円〜
電源水道付サイト　9300円〜
電源付サイト　8300円〜
フリーサイト　7200円〜

◎サイト数
※オートサイト：149サイト

◎利用時間
IN 14:00　OUT11:00

◎期間中休み
6月14日〜16日

◎備考（注意事項・周辺情報）
男女別トイレ2ヶ所・障者用1ヶ所（温泉洗浄機能付、ジェットタオル付）を完備。AC電源はサイトにより有無が異なる。天然温泉、ホテルレストランの利用も可能。

アクセス
東名阪自動車道鈴鹿ICから車で約30分
名阪国道亀山ICから車で約30分

POINT!! ここにも注目!!
ウッドデッキサイトで楽々だぞ！

平らな床面で快適に過ごせるウッドデッキサイト。テントやテーブル、イスなどは到着した時点でセットアップされているので、難しい設置など一切なし！初心者でも安心だ。

レンタル品ガイド
薪700円、木炭620円、ドームテント（5人用）4320円、フォールディングテーブル1240円、ディレクターチェア420円、ツーバーナーコンロ（ボンベ・鉄板付）3400円、包丁セット520円、ヘキサタープ2060円、蛍光灯ランタン830円、アイスボックス（26L）1240円、食器セット（1人用）420円、シュラーフザック（3シーズン用）1030円など

売店＆食材販売情報
レトルトご飯（160円）やレトルトカレー（160円）などの一部食材、飲料、調味料、日用品、バーベキュー用品などを販売。車で約5分の場所にスーパーがある。

イラストアイコンで速攻チェック!!

愛知(田原) にんさききゃんぷじょう

仁崎キャンプ場

☎0531-25-0276　愛知県田原市仁崎町黒石24-3
http://www.taharakankou.gr.jp/spot/000014.html

浜辺で楽しみたいキャンパーに最適！

　比較的波が穏やかな三河湾に面した「仁崎海水浴場」に隣接するビーチサイドキャンプ場だ。海水浴と同時にキャンプやBBQを楽しめる夏の人気のスポットで、松林の中にあるキャンプ場の中には、テント用のキャンプサイト、オートキャンプサイト、バーベキュー施設が完備されている。目の前に広がる青い海と砂浜を望みながらのキャンプは気分も爽快に。
　白い砂浜で楽しんだり、思い切り泳いだり、潮風と潮騒を感じながらバーベキューで盛り上がったり、海辺キャンプを存分に楽しもう!!

木陰のキャンプサイトは潮風が心地よい

海水浴とキャンプの両方の贅沢アウトドアを堪能

INFORMATION

◎ **予約方法**
予約不可。現地へお越し下さい。

◎ **開設期間** 7月中旬〜8月下旬

◎ **料金**
※ **キャンプサイト**
1区画3000円
※ **BBQ施設**
大人200円、小人無料
※ **デイキャンプ**
1500円

◎ **サイト数**
※ **キャンプサイト**：250サイト

◎ **利用時間**
IN16:00　OUT9:00

◎ **期間中休み**
無休

◎ **備考（注意事項・周辺情報）**
バーベキューのみの方は20:00（片付け時間含む）まで利用可能。ビーチには売店、トイレ、着替えルーム、シャワー室が完備。期間外の問合わせについては、0531-23-3516（渥美半島観光ビューロー）まで。

アクセス
東名高速道路豊川ICから車で約40分

ここにも注目!!

目の前のビーチは楽しみいっぱい！

仁崎海水浴場では、すいか割り大会や宝探し大会などのイベントも開催され、多くの海水浴客で賑わう。シャワーや更衣室なども完備しているので、思い切り海遊びをしよう！

レンタル品ガイド

くど500円、鉄板500円、薪1束500円、テント3000円（3〜4人用）、パラソル1000円、ござ300円など

売店＆食材販売情報

売店はあるが食材の販売はなし。近隣にも販売施設はあるが、シーズン中は道路などの混雑が予想されるので、事前に準備をして心おきなくキャンプを楽しみたい。

イラストアイコンで速攻チェック!!

水遊び&釣り

愛知(犬山) はっそもみのきぎゃんぷじょう
八曽モミの木キャンプ場
☎0568-67-6244　愛知県犬山市八曽1-1
http://inuyama.gr.jp/outdoor/campground/18345

大自然の中で楽しむ川遊び&本格アウトドア

　名古屋の中心部から約1時間の場所で、本格アウトドアが楽しめるキャンプ場。八曽自然休養林の中に位置し、川遊びや山歩き、川原でのバーベキューなど大自然を満喫しながら多彩なアウトドアライフが楽しめると評判だ。バンガローやログハウス、オートキャンプ場など豊富な種類のサイトをはじめ、炊事場、水洗トイレ、無料更衣室など施設もそろう。
　周辺にはモンキーパーク、野外民族博物館リトルワールドなど観光スポットも多いので、キャンプ後にファミリーで観光を楽しむのもおすすめ。

オートサイトでは車のそばでBBQが可能

緑いっぱい！自然に囲まれたログハウス

INFORMATION

◎予約方法　電話予約
　　5月〜9月 8:00〜18:00
　　10月〜4月 8:00〜17:00

◎開設期間　3月〜11月

◎料金
　※入場料金　1人200円
　※オートサイト　1区画3500円
　※持ち込みテント　1張1000円
　※貸テント　1張4000円

◎サイト数
　※サイト：77サイト
　　（フリーサイトもあります）

◎利用時間
　IN11:00　OUT10:00

◎期間中休み　なし

◎備考（注意事項・周辺情報）
　全てのエリアで花火の使用、ペットの入場は禁止。食材はないので必ず持参、ゴミは持ち帰りをお願いします。デイキャンプ可。屋根付き場（日帰り専用）大2000円 小1000円、日帰り休憩セット(バンガロー＋日よけシート）3000円、オートキャンプ場日帰り1台2000円。日本モンキーパーク、モンキーセンターへは車で20分、明治村へは車で20分、リトルワールドへは車で15分。

アクセス
中央自動車道小牧東ICから車で10分
国道41号線清水ICから車で15分

ここにも注目!!

ハイキングがてら滝見物!

八曽モミの木キャンプ場から徒歩で約50分ほどの場所にある「平成の名水百選」にも選ばれた八曽滝。山歩きを楽しみながら、落差18mの豪快な八曽滝の見学をしてみては。

レンタル品ガイド

BBQテーブル　10人用3000円、日よけシート2000円、BBQ用コンロ（1個）300円、BBQコンロ足台（1個）300円、鉄板200円、金網200円、毛布（1枚）250円、長椅子(2人用)1個200円、簡易テーブル500円、飯ごう200円、包丁50円、まな板50円など

売店＆食材販売情報

木炭や薪、着火剤などのキャンプ用品やインスタントラーメン等を販売。生鮮食材は取り扱っていないので事前準備を。近隣のコンビニまでは車で約15分。

バンガロー＆コテージ
ママ友と気軽にお泊まり!!

7名用のログハウスは2棟(10000円)、5名用のバンガローは10棟(7000円)あるので、人数やシーンに合わせてチョイスしよう。どちらも利用時間は11:00〜翌10:00まで。

イラストアイコンで速攻チェック!!

愛知(犬山) あうとどあ・べーすいぬやま

アウトドア・ベース犬山

☎ 0568-61-6316　愛知県犬山市今井東山95
http://www.kirakira.net/

ユニークな施設が豊富なレジャースポット！

　せせらぎにぐるりと囲まれたアウトドアフィールドや、ユニークな施設が人気のキャンプ場。多彩なサイトも魅力で、テント内で焚き火ができるインディアンテント「ティピー」が並ぶサイトや、愛犬と楽しめる農園オートサイト、木陰が涼しいこもれびサイトを完備。
　水上でバーベキューが楽しめるデッキや釣り堀、こどもたちに人気の水遊び場、無料いかだボートなど遊びどころも満載！炊事場やシャワー、アウトドアショップなども充実しているのもポイントだ。

農園オートサイトではペットはノーリードOK！

バーベキューもできるここの名物「ティピー」!!

INFORMATION

◎ 予約方法
電話・インターネットで予約

◎ 開設期間　通年

◎ 料金
※入場料
大人900円、こども600円
※オートサイト
1区画3500円
※ティピーサイト
1棟6000円〜8000円
※フリーサイト
1人400円

◎ サイト数
※キャンプサイト：20サイト
※ティピー：10棟

◎ 利用時間
IN11:00　OUT10:00（フリーサイトIN9:30）

◎ 期間中休み
水曜定休（11月〜3月は火曜・水曜定休）、年末年始
※GW、7・8月は無休

◎ 備考（注意事項・周辺情報）
管理人はいますが、受付時間終了後は連絡が取れなくなります。2015年改修工事により中央トイレが超快適に！音のしない手持ち花火、噴出花火はOK。直火も可。

アクセス
中央自動車道小牧東ICから車で約15分

POINT! ここにも注目!!

いかだボートで冒険気分！

ゆっくり揺れながら水上を進む「いかだボート」はこどもたちに大人気。無料で気軽に遊ぶことができるので、池ポチャに注意しながら思いっきり冒険気分を味わおう！

レンタル品ガイド
コンロセット600円、包丁・まな板セット100円、鉄板300円、チェア200円、テーブル600円、ワンタッチタープ1500円、シュラフ300円、LEDランタン500円など

売店＆食材販売情報
炭や薪などのキャンプ用品、アルコール、缶詰、お菓子などを販売。事前予約が必要だが、BBQに最適なお肉セット（1000円）や、野菜セット（600円）の販売もある。

イラストアイコンで速攻チェック!!

愛知(岡崎) くらがりけいこくきゃんぷじょう

くらがり渓谷キャンプ場

☎0564-83-2057　愛知県岡崎市石原町牧原日影2-1
http://www.kuragari.jp/

四季折々の自然美に囲まれた神秘的な場所

　本宮山自然公園内に位置し、四季の移り変わりと自然豊かな渓谷美を堪能できるアウトドアスポット。渓谷沿いにテントサイト、コテージなどの宿泊施設、日帰りバーベキュー場が点在、大自然の中の清流でニジマス釣りやつかみ取りもできるのがポイントだ。

　滝や巨岩からなる8つの美観が楽しめる「くらがり八景」の散策もおすすめで、第八景の「まぼろしの滝」は運が良ければ見られるそう。野鳥のさえずりや水の音に耳を傾けながら家族ハイキングしてもよいかも。

静かな木立の中に設営された常設のテント村

渓谷入口すぐにある2階建てのコテージ

INFORMATION

◎**予約方法**
電話予約(12月26日～1月5日以外の通年で予約可能)。

◎**開設期間** 4月29日～10月30日

◎**料金**
※**テント持ち込み**
1区画3500円～4000円
※**貸出テント(5名用)**
4500円～5000円

◎**サイト数**
※**テントサイト**：10サイト
※**コテージ**：3棟
※**山の家**：1棟
※**ミニログハウス**：1棟

◎**利用時間**
日帰利用:9:00～17:00
テントI:N1200　OUT10:00
コテージ:IN13:00　OUT10:00

◎**期間中休み**
なし

◎**備考（注意事項・周辺情報）**
テントサイトにコインシャワー、コテージには浴槽がありますが、山の家は入浴施設はありません。渓谷内は動植物の採取、釣竿、たもの持ち込み、ペットの入場は禁止。

アクセス
東名高速道路・岡崎ICより車で約40分
東名高速道路・豊川ICより車で約40分

POINT! ここにも注目!!

ニジマスつかみ体験

男川支流を区切って、堰を作り、ニジマスを放流、つかみ取りができる。1区画に1kg放流して3,000円。開催期間は4月28日～10月31日まで。受付は、9:00～15:00。

レンタル品ガイド
鉄板300円、金網300円、鍋　大400円・中350円・小300円、やかん　大350円・小300円、飯ごう300円、包丁150円、まな板100円、毛布300円、木炭（2kg）600円、薪350円など

売店＆食材販売情報
渓谷の入口付近に3軒の飲食店があるが、施設内ともに食材販売はなし。車で20分の場所にコンビニがあるので、足りないものがある場合はこちらで購入を。

ママ友と気軽にお泊まり!! バンガロー&コテージ

バーベキューを楽しめるコテージ（15000円～）3棟、多人数で楽しめる山の家（11000円～）1棟のほか、新設されたミニログハウス(8000円～)を完備している。

イラストアイコンで速攻チェック!!

愛知(設楽) つぐこうげんぐりーんぱーく
つぐ高原グリーンパーク

☎0536-83-2344　愛知県北設楽郡設楽町津具字東山2-156
http://www.green-park.net/

標高900mの奥三河の高原キャンプ場

　愛知県の北東部、天竜奥三河国定公園内の標高900mに位置する高原キャンプ場。開放感あふれる大自然の中で、野鳥観察やハイキング、テニスなど自由なプランでアウトドアレジャーが楽しめる。場内にある親水施設では川遊びが、池ではマス釣りも楽しめる。また、夏休み限定（7/19～8/末）でニジマスのつかみ取りもできる（要予約、1区画1,000円/ニジマス1Kg700円）。

　全サイトにAC電源完備のオートキャンプサイトや、キャビン付きサイトなど設備面も充実。

山深く夏場でも涼しく快適に過ごせる

魚釣り池ではニジマス釣りが楽しめる

INFORMATION

◎予約方法
電話またはFAX

◎開設期間　通年

◎料金
※オートサイト
1区画5100円〜
※バンガロー
1棟12900円〜
※プチバンガロー
1棟5100円〜

◎サイト数
※オートサイト：37サイト
※キャビン付きサイト：33サイト
※バンガロー：7棟
※プチバンガロー：14棟

◎利用時間
IN14:00　OUT12:00
※バンガローOUT10:00
※プチバンガローOUT11:00

◎期間中休み
木曜（10月〜6月）
9月第一月曜〜金曜、年末年始

◎備考（注意事項・周辺情報）
ペット同伴の場合必ず事前連絡を。ペットの建物内への入室は不可。バンガロー・プチバンガローは各棟に石組みの炉を完備。

アクセス
茶臼山高原道路折元ICからすぐ

POINT! ここにも注目!!

パターゴルフを家族で楽しもう！

場内には18ホール、パー72のパターゴルフ場を完備。予約なしで利用でき、大人もこどもも楽しめる人気のレジャーだ。家族みんなでスコアーを競いたい!!

レンタル品ガイド

テント（5人用/要予約）2500円、タープ1500円、イス・テーブルセット1200円、シュラフ500円、毛布500円、BBQコンロ1200円、焚き火台500円、吊り下げ電球300円、MTB（26インチ）1時間500円〜、MTB（22・24インチ）1時間400円〜

売店＆食材販売情報

売店では食材の販売がないので、生鮮食品などはあらかじめ準備が必要。近隣のショップまでは車で約10分なので、不足した物は購入もできる。

バンガロー＆コテージ

ママ友と気軽にお泊まり!!

バンガローは5人用が6棟、10人用が1棟ある。電気・ガスコンロ・キッチン・冷蔵庫など設備も充実している。テラス付きのプチバンガローも人気だ。

イラストアイコンで速攻チェック!!

岐阜(中津川)　ふくおかろーまんけいこくおーときゃんぷじょう

福岡ローマン渓谷 オートキャンプ場

☎0573-72-3654　　岐阜県中津川市福岡1017-1
http://ro-man.jp/

豊かな森に囲まれた清流で川遊びを満喫！

　清流、付知川沿いにあるリバーサイドキャンプ場。中津川ICから20分、近隣にはスーパーやコンビニもあり利便性も良く、国道付近なのに静かに過ごせるのが魅力的。透明度が高い付知川での川遊びはもちろん、春満開の桜や、沢を飛び交うホタルなど四季折々の景観、夜空に輝く満点の星など自然の美しさを体感できる。年間を通じて開催される多彩なイベントにも注目‼
　新米を加工して堪能する五平餅会や自然の恵みを味わう感謝祭のほか、染めものやそば打ちなど普段なかなかできない体験を親子で楽しめる。

春には桜並木を眺めながらキャンプができる

小さなキッズも思い切り走れる芝生広場があり

INFORMATION

◎**予約方法**
電話(受付時間9:00～17:00)
HP(メールフォームにて予約)から。

◎**開設期間** 4月1日～10月31日

◎**料金**
※**施設使用料**
大人:1000円 小学生:500円
幼児:200円

※**電源無しお値打ちオートサイト**
1区画5000円※定員5名までは施設利用料無料

※**電源付きテントサイト**
1区画3500円※施設使用料別途

◎**サイト数**
※**電源付きサイト：60サイト**
※**電源無しサイト：5サイト**
※**バンガロー：10棟**

◎**利用時間**
管理棟(8:00～21:00)、GW・夏休み期間、連休等、IN15:00～18:00、OUT14:00※テントサイトは(9:00～17:00)までの間でインアウトともに自由

◎**期間中休み** なし

◎**備考（注意事項・周辺情報）**
お風呂は人数により利用できない場合もあり。混雑期には管理人が24時間常駐します。

アクセス
中央自動車道中津川ICから国道257号線下呂・高山方面へ入り車で約20分

POINT! ここにも注目!!

楽々バーベキュー！

炭火で味わう全天候大型バーベキュー場（6人用3240円）では、片付け無し＆手間無しでらくらくバーベキューが楽しめる。好きな食材を事前に準備して持ち込もう！

レンタル品ガイド
テント3150円～、タープ1575円、焚火台1050円、BBQコンロ1050円、毛布315円、テーブル525円、イス315円、延長コード300円、シュラフ525円、自転車300円（※子供用あり）など

売店＆食材販売情報
薪500円、炭400円、氷300円、ガス500円～、ホワイトガソリン1200円、着火剤50円などの主にバーベキュー用品の販売のみ。食材などは車で2分のスーパー、コンビニでの購入をおすすめします。

ママ友と気軽にお泊まり!! バンガロー＆コテージ

バンガローは10棟（4500円～6000円）、ロッジは1棟（14000円）あり。棟数に限りがあるので、早めに予約しよう。多くの人で楽しむなら広いロッジがおすすめだ！

イラストアイコンで速攻チェック!!

岐阜(関ヶ原) ぐりーんうっどせきがはら

グリーンウッド関ヶ原

☎ 0584-41-0033　岐阜県不破郡関ケ原町大字今須2048
http://www.ogaki-tv.ne.jp/~gws/

インターからもほど近い水辺のキャンプ場

　名神高速道路の関ヶ原ICから車で約15分とアクセスしやすい場所にあり、四季折々の景色を楽しみながらアウトドアライフが満喫できるキャンプ場。静かなサイト内には小さな川が流れていて、元気なキッズたちも安全に川遊びが楽しめる。マスのつかみ取りやフィッシングを楽しめ、雄大な自然に囲まれた環境の中で楽しく快適なキャンプができる。

　共用トイレ、炊事場、コインシャワー、コインランドリーなどが完備。「関ヶ原グラウンド・ゴルフ場」や喫茶店「今須宿」なども併設されている。

大人数でもOKな二階建てのバンガロー

くつろぎたい方には設備が充実したコテージを

INFORMATION

◎ **予約方法**
電話(9:00〜17:00)
インターネット予約 24時間

◎ **開設期間**　通年

◎ **料金**
　※**入場料**
　大人:500円　　小人:300円
　※**オートサイト**
　1区画2980円〜3180円
　※**フリーサイト**
　1張1530円
　※**バンガロー**
　1棟7190円〜9250円

◎ **サイト数**
　※オート&フリーサイト：24サイト
　※バンガロー：2棟
　※コテージ：4棟

◎ **利用時間**
　IN13:30　OUT12:00

◎ **期間中休み**
　定休日あり（電話にてお問い合わせを）

◎ **備考（注意事項・周辺情報）**
　デイキャンプ可（1020円）。バーベキューハウス（1釜2時間、2050円）もあり。近隣スポットには関ヶ原鍾乳洞、関ヶ原古戦場があり。

アクセス
名神高速道路・関ヶ原ICより車で15分

POINT! ここにも注目!!

グラウンド・ゴルフ場があり！

場内には「関ヶ原グラウンド・ゴルフ場」が併設され、起伏に富んだバラエティ豊かなコースを完備。宿泊者は特別料金で利用できるので、家族でチャレンジしてみては。

レンタル品ガイド

自転車2時間300円、一輪車1時間100円、三輪車1時間100円、キックボード1時間100円、シュラフ500円、テーブル820円、イス200円、バーベキューコンロ710円、バーベキュードラム1020円、焼き網200円

売店&食材販売情報

ジュース・缶ビール等(130円〜)、アイスクリーム、調味料をはじめ炭、薪、着火剤などは売店で販売されている。その他は車で5分のコンビニで購入を。

バンガロー&コテージ
ママ友と気軽にお泊まり!!　

バンガローは全2棟(8人用/7190円、12人用/9250円)、コテージは全4棟(6人用/14390円、8人用/16440円)あり、どちらもBBQスペースを完備。IN14:30　OUT11:00。

イラストアイコンで速攻チェック!!

水遊び&釣り

岐阜(郡上) ひるがのこうげんきゃんぷじょう

ひるがの高原キャンプ場

☎0575-73-2331　岐阜県郡上市高鷲町ひるがの4714-2
http://www.hirugano-camp.com/

奥美濃の別天地にある高原キャンプ場

　奥美濃の別天地と呼ばれ親しまれる、ひるがの高原。緑豊かな山や森に囲まれた環境で楽しむキャンプでは、大人もこどもも大自然を思う存分体験できる。森林浴や散策、バーベキューなど思い切り楽しんだあとは、静かな空間で美しい星空を眺め語らうのもおすすめ。
　設備がそろったバンガローやコテージのほか、テニスコートやグラウンドも完備されているので、世代を問わず楽しめるのも魅力的。近隣には温泉リゾートやスキー場、分水嶺が見られる公園など観光スポットも豊富。

家族や大人数で楽しめるコテージもあり

場内には美しい小川が流れ、川遊びや釣りができる

INFORMATION

◎ **予約方法**　電話受付のみ
　4月〜6月（GW）期間は
　4月1日〜 8:00〜20:00受付開始
　7月〜10月（夏季）期間は
　6月1日 〜 8:00〜20:00受付開始

◎ **開設期間**
　4月中旬〜10月下旬

◎ **料金**
　※オートサイト
　　車1100円、大人1100円
　　子ども700円
　※単車乗入テント張り
　　大人1500円（駐車場代込み）

◎ **サイト数**
　※オートサイト：区画なし
　※バンガロー：22棟
　※コテージ：2棟　※山荘：1棟

◎ **利用時間**
　IN13:00　OUT12:00

◎ **期間中休み**
　なし

◎ **備考（注意事項・周辺情報）**
　場内での花火（打ち上げ・ロケット・爆竹禁止）は広い場所で夜9時まで。お酒を飲んで大騒ぎするグループやルール厳守できない方は予約をお受けできません。

アクセス
東海北陸自動車道高鷲ICからR156を高山方面へ進み約15分

ここにも注目!!

水遊びの後は入浴施設でゆるり!

「ロッジほらひら」でも大人600円、子ども400円で入浴が可能だが、近隣にも入浴施設があり。大自然の中で思い切り遊んだあとは、ゆったりと疲れを癒して明日に備えたい。

レンタル品ガイド
包丁100円、まな板100円、バケツ100円、やかん200円、毛布300円、飯ごう300円、鍋300円、鉄板300円（小）500円（大）、薪300円（1束）、自転車（MTB）1時間500円・2時間700円など

売店＆食材販売情報
管理事務所では飲み物、氷、調味料、日用品などの購入が可能。近くに観光施設（車で約5分）なども多くあり売店もあるが、生鮮食材などは事前準備がベター。

バンガロー&コテージ

ママ友と気軽にお泊まり!!

バンガロー（6帖〜10帖/9000円〜19000円）やコテージ（37000円〜40000円）のほか、定員10名までの山荘もあり、設備も充実している。チェックインは11:00〜

イラストアイコンで速攻チェック!!

岐阜(中津川) とうのいわおーときゃんぷじょう

塔の岩オートキャンプ場

☎0573-82-2900　岐阜県中津川市付知町字端小屋
http://www.tsukechi.net/

清流・付知川のほとりで和むキャンプ

　付知川上流に位置しテントサイトのすぐ目の前が付知川。水の透明度、冷たさはピカイチで水遊びや魚釣りを思う存分楽しめる。サイトはすべて区画されており、153サイトと東海最大級の規模。ファミリー専用サイトもあり、のんびりゆったりとキャンプができる。

　周辺には日本三大名泉のひとつ下呂温泉はじめ、付知峡、恵那峡、妻籠、馬籠、ちょっと足をのばせば飛騨高山と観光地も多くレジャー基地としても最適。キャンプ&自然派ドライブで家族との思い出づくりを。

川のせせらぎが聞こえる癒し系サイト

木造りの管理棟も自然に溶け込んで温かみがある

INFORMATION

◎**予約方法**
3月1日9:00から電話にて
受付時間9:00〜17:00

◎**開設期間** 4月下旬〜10月31日

◎**料金**
※**オートサイト**
1区画5,200円
※テント1張、車1台、5名まで
※**他**
ゴミ協力金:1区画100円

◎**サイト数**
※**ファミリーサイト**:53サイト
※**レギュラーサイト**:100サイト

◎**利用時間**
IN13:00　OUT11:00

◎**期間中休み**
なし

◎**備考（注意事項・周辺情報）**
禁止事項：打ち上げ花火、音の出る花火、直火、キャンプファイヤー、発電機、カラオケ。22:00〜翌7:00までは就寝時間。まわりの迷惑にならないようラジオ、車のドアの開閉音などにも気を配ること。また、この時間帯の車の移動は不可。ペットは他の利用者の迷惑にならないよう、鎖等でつなぐこと。

アクセス
中央自動車道中津川ICから国道257号線を下呂方面へ約30分

ここにも注目!!

透明度抜群の川!

何と言っても透明度抜群の付知川で水遊びを楽しみたい。別名「青川」と呼ばれるようにエメラルドグリーンに輝く水面は、見ているだけでも癒されること間違いなし。

レンタル品ガイド
バーベキューコンロ（木炭用）、テーブル、イス、自転車などのレンタルあり。
※料金に関しては予約時に確認しよう。

売店＆食材販売情報
管理棟の売店では、木炭、薪、ホワイトガソリン、カセットガス、マントル、着火剤などの消耗品や燃料のほか、氷や缶ビールなどを販売。車で5分の場所にコンビニあり。生鮮食料品は中津川市街で事前に購入したい。

イラストアイコンで速攻チェック!!

三重(いなべ) あおがわきょうきゃんぴんぐぱーく

青川峡キャンピングパーク

☎0594-72-8300　三重県いなべ市北勢町新町614
http://www.aogawa.jp/

充実した設備が魅力で全国有数の人気パーク

　鈴鹿山脈と清流、青川に抱かれた、自然体験型アウトドアスペース。開放感あふれる広々とした芝生サイトは、テントやタープを使用してもゆとりのある快適スペースだ。5種類のサイトから選ぶことができるので、スタイルなどに合わせて選択を。別荘感覚が味わえるフル装備のコテージも人気。
　見て触って確かめながら使用できる豊富なレンタルアイテムをはじめ、品ぞろえ抜群の売店、無料で入浴できる大浴場など施設も充実しているので、ビギナーはもちろん、小さいこども連れのファミリーにも安心！

アイランドコテージで優雅なひと時を堪能

広いフィールドはサイクリングにも最適！

INFORMATION

◎ **予約方法**
電話またはHP
※3か月前の10日から受付可能。

◎ **開設期間** 通年

◎ **料金** ※シーズン制となる
※**オートサイト**
1区画3000円〜
※**ログハウス**
1棟11000円〜
※**トレーラーキャビン**
1棟15000円〜
※**アイランドコテージ**
1棟24000円〜　　　　　など

◎ **サイト数**
※**オートサイト**：47サイト
※**ログハウス**：3サイト
※**トレーラーキャビン**：1棟
※**アイランドコテージ**：5棟　など

◎ **利用時間**
IN14:00　OUT11:00

◎ **期間中休み**
メンテナンス時臨時休業あり

◎ **備考（注意事項・周辺情報）**
ペット同伴不可。夏休みに限り、指定の場所で手持ち花火（こども用）可。入浴時間17:00〜20:30受付終了（※変動あり）。

アクセス
東名阪自動車道桑名ICから車で約30分

POINT! ここにも注目!!

青川で川遊び!

キャンプ場のすぐそばを流れる清流青川は、水深も浅く川遊びをするにはうってつけのポイント。場内に流れる小川やじゃぶじゃぶ池では、キッズも安心して水遊びを満喫できる。

レンタル品ガイド
お料理セット2500円、おやすみセット2500円、キャンプセット6000円、ドームテント3500円、タープ1500円、毛布300円、BBQコンロ（大）1000円、網200円、テーブル500円〜、チェア300円　など

売店＆食材販売情報
キャンプ用品、燃料、生活雑貨、酒類、地元特産物など豊富にそろう。車で10分圏内には大型スーパーや地元産直売所などもあり、食材調達もらくらく。

バンガロー＆コテージ

ママ友と気軽にお泊まり!!

定員8名のコテージと、定員10名のアイランドコテージがあり、どちらも設備はフル装備。そのほかログハウスやトレーラーキャビンなどもそろう。

イラストアイコンで速攻チェック!!

三重(亀山) めいはんしんりんぱーく

名阪森林パーク

☎0595-98-0605　三重県亀山市加太中在家8125
http://www.meihans.server-shared.com/wpb/

家族で満喫！渓流沿いのアウトドアパーク

　鈴鹿川の渓流沿いにあり、豊かな山渓自然を満喫できるキャンプ場。スギやヒノキに囲まれた場内には、オートキャンプ場、コテージ、林間キャンプ場などがあり、自然と一体化しながらアウトドアが楽しめると評判。

　パーク内には鈴鹿川を約1kmにわたって整備して造られた釣り場やバーベキュー場をはじめ、森林浴が楽しめる樹間遊歩道、家族でプレーできるミニゴルフ場などプレイスポットが充実。川遊び好きのファミリーやリピーターも多く、夏休み期間の予約は早めにしよう。

受付、売店などのある管理棟

清流を利用した渓流釣りも楽しめる

INFORMATION

◎予約方法
電話

◎開設期間
4月1日〜10月末日

◎料金
※オートサイト
1区画6500円
※林間キャンプ場（テント持込み）
1張4000円
※山小屋
1棟6500円〜
※他
環境整備費200円

◎サイト数
※テントサイト：5サイト
※AC電源付きサイト：14サイト
※山小屋：6棟

◎利用時間
IN13:00　OUT10:00

◎期間中休み
火曜（7・8月は無休）

◎備考（注意事項・周辺情報）
魚のつかみ取りは7月上旬〜9月上旬まで。温水シャワー（1回200円）あり。入浴施設「大山田温泉・さるびの」まで車で約15分。

アクセス
名阪国道南在家ICから車で5分

POINT! ここにも注目!!

マス釣りができる！

パーク内ではマスなどの渓流釣り、つかみ取り（期間限定）などが体験できる。釣った魚はすぐにバーベキュー場で調理して食べることが可能。新鮮なマスを食べよう!!

レンタル品ガイド

テント1000円、バーベキューセット800円、毛布200円、釣り竿（有料）など

売店＆食材販売情報

管理棟に売店や食堂、自動販売機があるが、食材やアウトドア用品などは事前に準備するのがおすすめ。市街地から離れているので、入場前に亀山市街などで購入しておこう。

バンガロー＆コテージ
ママ友と気軽にお泊まり!!

6棟ある4人〜6人用の山小屋（6500円〜）は毎年人気が高く、夏休みなどは日程によっては予約が全て埋まってしまう場合も多い。こちらもお早めに!!

イラストアイコンで速攻チェック!!

水遊び&釣り

三重(紀北)
まごたろうおーときゃんぷじよう
孫太郎オートキャンプ場
☎0597-47-5371　三重県北牟婁郡紀北町紀伊長島区東長島浅間
http://magotarou.com/

楽しみ方いろいろ！海と山のキャンプ場

　世界遺産「熊野古道」からも近い、熊野灘臨海公園に併設するオートキャンプ場。海と山に囲まれた多彩なエリアには家族が一日中遊べるアウトドアレジャーが満載！場内はオートサイト、フリーサイト、コテージサイトに分かれており幅広いニーズに対応。サイト前に広がる浜からは投げ釣りでキスが釣れるので、親子で釣りにチャレンジするのもよいだろう。

　熊野灘は夕陽の美しさにも定評があり、ロケーションも抜群！そのほか季節のイベントも多数開催されているので、詳細はホームページで確認!!

投げ釣り大会などのイベントも定期的に開催

ダッチオーブンでパン作りを楽しむのも人気

INFORMATION

◎**予約方法**
HPよりネット予約

◎**開設期間** 通年

◎**料金**
※**フリーサイト**
1区画3000円〜
※**テント・個別サイト**
1張3000円〜
※**コテージ**
1棟12000円〜
※**ログキャビン**
1棟8000円〜

◎**サイト数**
※**キャンプサイト**：82サイト
※**コテージ**：9棟
※**ログキャビン**：2棟

◎**利用時間**
IN14:00　OUT11:00

◎**期間中休み**
木曜

◎**備考（注意事項・周辺情報）**
ペット同伴は禁止。個別サイトAはAC電源付き。フリーサイトはロープで区切ってある。全サイト直火、花火禁止。管理棟にシャワールーム、コインランドリー、売店、卓球などがあり。

アクセス
紀勢自動車道紀伊長島ICから車で約10分

POINT! ここにも注目!!

スライダー付きプールを満喫！

城ノ浜地区にある県営の「孫太郎プール」は高さ13メートルのウォータースライダーを完備！こども用プールや50m公認プールなどもあるので親子で夏を楽しもう！

レンタル品ガイド
テント300円、キャンプセット5000円、BBQコンロ1000円、釣り竿1000円、飯ごう300円、電気炊飯器1500円、寝袋500円、延長コード200円、テーブル1000円、イス200円など

売店＆食材販売情報
炭（2kg/500円）、薪（500円）などのほか、アルコールやアイスクリームなどを販売。食材などは事前準備をするか、車で約10分のスーパー、コンビニで購入を。

ママ友と気軽にお泊まり!! バンガロー＆コテージ
5名用コテージ（12960円〜）が8棟、10名用（21600円〜）が1棟あり、内2棟がバリアフリー設計なので小さなこどもでも安心。ログキャビン（8000円〜）も完備。

イラストアイコンで速攻チェック!!

三重（紀北）

きいながしまひいけかいがんおーときゃんぷじょう

きいながしま比幾海岸オートキャンプ場

☎0597-49-3732　三重県北牟婁郡紀北町紀伊長島区海野比幾719
※公式WEBはなし

海釣り&海水浴を満喫できる海岸キャンプ場

　比幾海岸海水浴場まで約100mの場所に位置する海岸オートキャンプ場。ミカン畑に囲まれた環境にあり、海釣りや海水浴の基点となる。目の前の海岸へは歩いて行ける距離なので、こどもたちはテントで水着に着替えて磯遊びや海水浴を、大人はオールシーズンOKの海釣りを楽しむのもいい。

　思う存分遊んだ後は、場内から約400mの場所にある「古里温泉」で体を癒そう。温暖な気候で過ごしやすく、炊事場、温水シャワー、ランドリー、水洗トイレなど設備面も充実した海のキャンプ場だ。

約半数のサイトにAC電源が完備されている

ベースに砂が敷かれた心地よいサイト

INFORMATION

◎**予約方法**
3ヶ月前の1日から受付可能。

◎**開設期間**　4月中旬〜10月中旬

◎**料金**
　※**テントサイト**
　1区画5800円〜
　※**キャンピングカーサイト**
　1区画6900円〜
　※**バンガロー**
　1棟12500円（5名）

◎**サイト数**
　※**テントサイト**：25サイト
　※**キャンピングカーサイト**：4サイト
　※**バンガロー**：1棟

◎**利用時間**
IN13:00　OUT11:00

◎**期間中休み**
不定休

◎**備考（注意事項・周辺情報）**
オールシーズン海釣りが楽しめる。潮がひけば磯遊びも可。近く（約400m）には古里温泉もあり。ペット連れ、直火、花火、発電機の使用は不可。

アクセス
紀勢自動車道紀伊長島ICから車で約10分

POINT！ ここにも注目！！

海水浴場が目の前！

目前に広がる比幾海岸海水浴場は砂利浜の海水浴場。消波ブロックがあり、比較的波も穏やかなのでファミリーも安心してアウトドアライフを楽しめる。（開場は7月〜8月末）

レンタル品ガイド
テント3500円、タープ1500円、コンロ1500円など

売店＆食材販売情報
場内の売店では飲料（150円〜）、ビール（200円）、日用品などを販売。車で約5分の場所にコンビニがあるので、食材や足らないものはこちらでも購入可能。

バンガロー＆コテージ
ママ友と気軽にお泊まり!!

バンガローは1棟（12500円）のみ。夏季シーズン中は人気のため、早めの予約がベター。5名まで宿泊可能なので、小さいこどものいるファミリーにも人気。

イラストアイコンで速攻チェック!!

三重(熊野) せんまいだおーときゃんぷじょう

千枚田オートキャンプ場

☎0597-97-1157　三重県熊野市紀和町大栗須701
http://senmaida-acs.jimdo.com/

日本の原風景のなかで家族と過ごしたい

　熊野の自然に囲まれ、美しい日本の田園風景が見られることで有名な丸山千枚田近くにあるキャンプ場。広々としたオートキャンプサイトのほか、新設されたドッグラン付サイトを完備。愛犬とともにアウトドアライフを楽しめるとあって愛犬家からの人気も高い。隣接して流れる北山川では、釣りや川遊び、カヌーを楽しむことができる。

　炊事棟、温水シャワー、水洗トイレ、洗面所などのパブリックスペースがサイトから近く使い勝手がよいのもパパママには魅力的。

季節毎に様々な表情を見せる棚田の風景

丸山千枚田までは徒歩約10分と好立地

INFORMATION

◎**予約方法**
電話またはHPにて
（受付時間9:00～17:00）

◎**開設期間** 通年

◎**料金**
　※**入場料**
　大人400円、小人（中学生まで）300円、3歳未満は無料
　※**テントサイト**
　1区画2500円～
　※**ドッグラン付サイト**
　1区画4500円～
　※**バンガロー**
　1棟8000円※ペット同伴の場合+500円

◎**サイト数**
　※**テントサイト**：20サイト
　※**ドッグラン付サイト**：4サイト
　※**バンガロー**：6棟

◎**利用時間**
　IN14:00　OUT11:00

◎**期間中休み**
　不定休

◎**備考（注意事項・周辺情報）**
　予約の際はホームページの利用規約を要確認。直火や焚火をする場合は焚火台を使用すれば可。デイキャンプ可（1500円～）。

アクセス
紀勢自動車道紀伊長島ICから車で約45分

POINT! ここにも注目!!

広々サイトでゆったり！

気兼ねなくアウトドアを満喫できる、10m×10mの広々キャンプサイト。木陰にハンモックを設置すれば、時間を忘れてしまうほどゆるりとのんびり過ごせるかも。

レンタル品ガイド

テント3000円、タープ2000円、テントインナーマット500円、ランタン1500円、シュラフ500円、テーブル500円、イス500円、BBQコンロ（ドラム型）2000円、BBQコンロ（角型）1000円、焚き火台1000円など

売店＆食材販売情報

管理棟にて日用品やアウトドアアイテムの販売はあるが、食材販売はなし。近隣のスーパーまでは車で30分ほどなので、こちらで購入するか事前準備がベター。

バンガロー＆コテージ

ママ友と気軽にお泊まり!!

ペット同伴OKなバンガローは全6棟（定員4名）。2段ベッド、冷蔵庫、エアコン、ホットカーペット（冬季）なども完備。シュラフ4組付きでリーズナブルに利用できる。

イラストアイコンで速攻チェック!!

静岡（藤枝） おおくぼきゃんぷじょう

大久保キャンプ場

☎054-631-2227　静岡県藤枝市瀬戸ノ谷11029
http://www.setoya.net/

キッズが喜ぶプールと、充実の設備が魅力！

　四季折々の自然の美しさを体感できると評判のアウトドア施設。こどもたちが思う存分遊べる親水プールやアスレチック、グラウンドゴルフのほか、隣接するグラススキー場では芝遊びもOK。豊富なレンタルアイテムや、雨でも楽しめる全天候型BBQハウスを完備しているので、初心者キャンパーや、小さなこどもと一緒でも安心してアウトドアライフを満喫できる。
　場内には、炊事場、トイレ、コインシャワー室など設備もしっかり整っているので、家族や友達と気兼ねなくアウトドアを楽しもう。

白壁が緑に映えるヨーロッパ風のコテージ

夏場はこどもたちもプールで大はしゃぎ

INFORMATION

◎ **予約方法**
電話
受付時間9:00〜17:00

◎ **開設期間** 通年

◎ **料金**
※オートサイト
1区画2610円
※テント専用サイト
1区画1030円
※コテージ
1棟8880円

◎ **サイト数**
※オートサイト：13サイト
※フリーサイト：35サイト
※コテージ：6部屋

◎ **利用時間**
IN14:00　OUT12:00
（コテージは10:00）

◎ **期間中休み**
月曜定休(8月無休)、年末年始

◎ **備考（注意事項・周辺情報）**
近隣には入浴施設「瀬戸谷温泉ゆらく」がある。キャンプ場内には、自炊棟、トイレ、売店に加えて、アスレチック遊具、グラウンドゴルフ場（有料、備品レンタルもあり）も完備。

アクセス
新東名高速藤枝岡部ICから車で約55分

ここにも注目!!

グラススキー場でソリ滑り!

芝のゲレンデは子どもたちも大興奮！グラススキーやマウンテンボードなどレンタルアイテムも豊富。ソリ滑りはキッズに大人気で、子ども用ヘルメットやプロテクターも完備で安心。

レンタル品ガイド
テント1430円、BBQコンロ1000円、毛布100円など

売店＆食材販売情報
炭(300円)、薪(250円)等のキャンプ用品や、ビール(300円)などの販売はあるが、食材販売はなし。スーパーまでは車で約30分かかるので、事前準備がベター。

バンガロー＆コテージ

ママ友と気軽にお泊まり!!

6部屋あるコテージは定員4名の1LDK仕様。冷蔵庫、エアコン、台所などの設備もあり、部屋の前にはBBQ用の炉がある。グループや家族での利用におすすめ。

イラストアイコンで速攻チェック!!

愛知(豊田) あさひこうげんげんきむら
旭高原元気村
☎0565-68-2755　愛知県豊田市旭八幡町根山68-1
http://www.asahikougen.co.jp/

天文台のあるキャンプ場で自然体験を満喫！

　バーベキュー場、デイキャンプ広場、展示室など多彩な施設がそろうキャンプ場。3タイプから選べる宿泊施設のほか、燃料・備品付きの「BBQ材料セット（要予約）」もあり、ビギナーでも気軽に楽しめるのがうれしい。五平餅作り、マーブル染め体験、ソーセージ・うどん体験など様々なイベントが行われ、こどもの体験学習としても人気。

　場内にある「天文台ミラッセ」で開催される夜空の観望会や、冬場のそりすべり専用の「雪そりゲレンデ」などもあり楽しみがいっぱい。

小さなこどもも楽しめるマーブル染め体験　　大型望遠鏡で月や惑星を見てみよう！

INFORMATION

◎ **予約方法**
電話またはHP
（※HP予約は宿泊施設のみ対応）

◎ **開設期間**
春休み〜11月末日
※一部施設は4月1日〜

◎ **料金**
※テントサイト
1区画3000円
※バンガロー（平日割引あり）
1棟4000円〜10000円
※ファミリーロッジ（平日割引あり）
1棟15000円

◎ **サイト数**
※テントサイト：8サイト
※バンガロー：9棟
※ファミリーロッジ：10棟

◎ **利用時間**
IN14:00　OUT11:00
※テントサイトのみOUT13:00

◎ **期間中休み**
木曜（祝日の場合は翌日）
※春・夏・冬休み期間中は無休
12月28日〜1月1日

◎ **備考（注意事項・周辺情報）**
イベント開催日程や、施設レンタルについてはホームページにて確認。レストランの営業は9:00〜17:00。平日割引は、土日祝日及び春・夏・冬休みを除く。

アクセス
東海環状自動車道豊田勘八ICから車で約45分

ここにも注目!!

ふれあい動物園が楽しい！

ふれあい動物園ではヤギやヒツジ、小動物と身近に触れ合える。ふれあい体験（無料）のほか、えさやり体験（100円）やひき馬体験（400円）もおすすめ！※開催日要確認

レンタル品ガイド
鉄板300円、トング50円、火ばさみ50円、包丁100円、毛布300円、サッカーボール（半日）250円、テニスコート（一面一時間）300円など

売店＆食材販売情報
炭（1kg350円）や薪（1束345円）、バーベキュー材料セット（3名〜※要予約）1人前1750円で販売されている。その他の食材やアイテムは事前準備を忘れずに。

バンガロー＆コテージ
ママ友と気軽にお泊まり!!
9棟のバンガロー（4000円〜）以外に、家族キャンプに最適なファミリーロッジ（15000円）を10棟完備。それぞれ設備が異なるので人数などに合わせて選択を。

イラストアイコンで速攻チェック!!

岐阜(下呂) まるかりのさと くのがわ

まるかりの里 久野川

☎0576-28-2766　岐阜県下呂市久野川1263
※公式WEBはなし

イモ堀りや川魚つかみ体験などができる

　コンパクトなキャンプ場ではあるが、駐車スペースもキャンプサイトに近くて便利。各施設もきれいに整っていて快適に利用することができる。様々な体験プログラムがあり、年間を通してイモ堀りや川魚のつかみ取りを実施。収穫の喜びを感じられる農業体験は親子で楽しむのに最適。

　キャンプサイトやコテージ、農業体験施設のほかに、バーベキュー場も完備。食器やイス、コンロがセットになった「バーベキューセット」のレンタルもあるので、気軽にバーベキューを楽しもう。

目の前が駐車スペースの便利なサイト

サイト内には小さなせせらぎが流れる

INFORMATION

◎ **予約方法**
電話

◎ **開設期間**
3月～11月末

◎ **料金**
※**キャンプサイト**
1泊1区画3000円及び1名500円
※**コテージ**
1棟19000円及び1名1000円

◎ **サイト数**
※**フリーサイト**：6サイト
※**コテージ**：3棟

◎ **利用時間**
IN15:00　OUT10:00

◎ **期間中休み**
なし

◎ **備考（注意事項・周辺情報）**
温水シャワー1回300円、バーベキュー施設1名500円、川魚つかみ取り300円/1匹、サツマイモ収穫体験1000円。車で約20分のところに下呂温泉があり。6月下旬～7月上旬にはホタルが見られる。大きな音が出る花火は禁止。

アクセス
東海北陸自動車道郡上八幡ICより約42km

POINT! ここにも注目!!

快適なコテージ!

3棟あるコテージの室内はまるで旅館のような雰囲気。広々とした空間にリビング、ダイニング、キッチン、ユニットバスを完備しているので、ゆったりとくつろげる。

レンタル品ガイド

テントセット1000円、バーベキューセット800円など

売店＆食材販売情報

キャンプ場内には売店はなし。一部アウトドア用品などのレンタルはあるが、食材や飲料、そのほかに必要なアイテムがあれば、あらかじめ準備をしておこう。

ママ友と気軽にお泊まり!!

バンガロー＆コテージ

木造コテージ（18000円及び、1名1000円）は全3棟。6畳の和室が2部屋あるので、小さいこども連れの家族キャンパーの人気が高い。数に限りがあり早めの予約を。

イラストアイコンで速攻チェック!!

いろいろ体験

岐阜(下呂)　ひだかなやまのもりきゃんぷじょう
飛騨金山の森キャンプ場
☎0576-33-2990　岐阜県下呂市金山町弓掛515
http://www.hk-mori.jp/

体験イベント満載のリバーサイドキャンプ場

　清流、弓掛川沿い約1kmに連なるキャンプ場。釣りや川遊び、サイクリング、パターゴルフなど遊べるスポットが満載とあって、遠方から足をのばすリピーターも数知れず！AC電源や水道付きサイト、使いやすい設計のバンガロー、車いす用トイレなど整った設備にも定評あり。
　場内では体験や季節イベントも多数開催される。キャンプファイヤーや天体観測、クラフト、染物、釣り大会、昆虫採集など、どれも大自然を身近に感じられ、こどもたちの自然学習に活用できる。

木の温もりあふれる、森の中のバンガロー

透き通った弓掛川で遊泳や川遊びをしよう

INFORMATION

◎**予約方法**
電話、インターネット

◎**開設期間**
通年

◎**料金**
※キャンプサイト
1区画2700円〜
※準オートキャンプサイト
1区画3300円〜
※オートキャンプサイト
1区画3800円〜
※バンガロー
1棟6000円〜

◎**サイト数**
※キャンプサイト：4サイト
※準オートキャンプサイト：15サイト
※オートキャンプサイト：11サイト
※バンガロー：17棟

◎**利用時間**
IN14:00　OUT11:00

◎**期間中休み**　なし

◎**備考（注意事項・周辺情報）**
打ち上げ花火、キャンプファイヤーは「すこやか広場」でのみ可能。無料シャワー室を完備（利用時間10時〜23時）。

アクセス
東海北陸道郡上八幡ICから車で約45分

POINT ここにも注目!!
ドラム缶風呂でさっぱり！

水汲みやお湯を沸かす体験ができる「ドラム缶露天風呂体験」は人気体験のひとつ！1日3組まで参加できるので、大自然の露天風呂を親子で満喫しよう。※要予約、保護者同伴

レンタル品ガイド
テント・タープ2000円、炊事具レンタルセット2000円、布団レンタル500円〜、ダルマストーブ3000円、ブルーヒーター3500円〜など。灯油（1L）210円、炭（3kg）760円、薪（1束）540円を販売。

売店＆食材販売情報
アウトドア用品、アルコール、飲料などが販売されている。食材の販売はなく、近隣のコンビニやスーパーも車で約40分と距離があるので、事前準備がベター。

バンガロー＆コテージ
ママ友と気軽にお泊まり!!

間伐材を利用したバンガロー（6000円〜）はファミリーやカップルに人気のタイプや、大人数におすすめのタイプなど様々が用意されている。

イラストアイコンで速攻チェック!!

いろいろ体験

岐阜（高山）　ぱすかるきよみおーときゃんぷじょう

パスカル清見オートキャンプ場

☎090-5865-5319　岐阜県高山市清見町大原
http://hidayume.com/

飛騨高山にある自然あふれるキャンプ場

　国道近くの好立地でありながら、大自然を満喫できる美しい馬瀬川と山々に囲まれているため、外からの視線を気にすることなくのびのびとキャンプを楽しめる。全てのサイトにAC電源があるのも魅力的。

　東海エリアではここだけしか体験できない「砂金採り体験」をはじめ、魚のつかみ取りや飛び込みをして楽しめる川遊び体験など、こどもが喜ぶ体験イベントも豊富！親子で自然学習や体験学習を楽しみながら、思い出に残る一日を過ごしたい。

清流「馬瀬川」は大人気の川遊びスポット

体験で採れた砂金は全て持ち帰りOK！

INFORMATION

◎**予約方法**
電話またはHP内のカレンダーから

◎**開設期間**
4月下旬～11月上旬

◎**料金**
※**オートサイト**
1区画（5名）4935円～
※6人以上の場合、6人目から1人につき525円追加

※**バンガロー**
1棟15960円

◎**サイト数**
※**オートサイト**：22サイト
※**バンガロー**：1棟

◎**利用時間**
IN13:00　OUT11:00

◎**期間中休み**
なし

◎**備考（注意事項・周辺情報）**
隣接する道の駅にはレストラン、売店などの施設があるので、こちらを活用してもOK。明宝温泉がキャンプ場から約8km（車で10分）の場所にあり。

アクセス
東海北陸自動車道郡上八幡ICから車で約40分

ここにも注目!!
捕まえた魚を自分で調理してみる

魚つかみ体験では、捕まえた魚を自分達で捌き、串打ちを体験する。指導者と一緒に行うので子どもも安心。食育の一環としても人気なので、ぜひ親子でチャレンジしよう。

レンタル品ガイド
テント2100円、タープ1050円、シュラフ420円、焚火台525円、テーブル525円、イス420円

売店＆食材販売情報
近隣のコンビニまでは車で約30分、スーパーは車で約35分と少し距離があるので、食材や必要品などは事前準備がおすすめ。

バンガロー&コテージ
ママ友と気軽にお泊まり！
バンガローは1棟(15960円)のみとなっているので、人気の高い夏季は早めの予約がベター。ガスコンロ、流し台、炊飯器があり、フライパンなどを持ち込めばクッキングも可能。

イラストアイコンで速攻チェック!!

いろいろ体験

三重(松阪)　まつさかししんりんこうえんきゃんぷじょう

松阪市森林公園キャンプ場

☎0598-58-0040　松阪市伊勢寺町安若1678
http://www.msk-shinrin-kouen.or.jp/

アクセスも抜群！施設充実の公園キャンプ場

　松阪ICから車で5分という交通が至便な松阪市森林公園内にあるキャンプ場。市民の行楽の公園ということで、場内には伊勢うどん、松阪牛うどんなどの名物的軽食から薬膳料理まで食べられる食事処、春には桜が満開になるバーベキュー広場、松坂市内を一望できる展望台、夏には水遊びができる親水公園、ボール遊びができる広い芝生広場などが施設が充実。
　また、木工キットの販売や木工棟の利用もできる。夏休みの工作をキャンプを楽しみながら作るというのはいかが。

宿泊者専用の「森の湯」共同浴場 もあり

夏休み期間中に開放されている親水公園

INFORMATION

◎予約方法
宿泊日の3ヶ月前から電話にて。

◎開設期間　通年

◎料金
　※設置テント
　1区画2808円
　※持込テント
　1張1404円

◎サイト数
　※設置テント：5サイト
　※持込テント：15サイト
　※バンガロー：6棟

◎利用時間
　IN11:00　OUT10:00
　バンガローはIN15:00

◎期間中休み
　火曜（祝日の場合は開園）
　※7月21日～8月31日は無休

◎備考（注意事項・周辺情報）
　宿泊者専用風呂「森の湯」の利用時間は16:00～21:00。花火はバーベキュー広場のみで可、打上げ花火は不可。食事処の営業は昼営業のみでランチメニューもあり。ゴミは、すべて持帰りをすること。1日1組限定（受付順、2000円）でキャンプファイヤーもできる。

アクセス
伊勢自動車道松阪ICから西へ車で5分

POINT! ここにも注目!!

木工教室に参加!

木工教室で、木とふれあい、木に親しむ時間を体験することができる。木工教材は、低学年～高学年向けまで各種取り揃えております(2週間前までに要予約)。

レンタル品ガイド
毛布200円、はんごう200円、包丁200円、まな板200円、大なべ300円、やかん200円、テント1140円、タープ1000円、ハンモック1泊1000円など

売店＆食材販売情報
管理棟では、薪200円（1束）、炭300円（1袋）を販売。バーベキュー用の国産牛焼肉セット（10000円、5人前、肉1.3kg(カルビ、モモ、鶏、豚、フランク)＋野菜＋おにぎり10個）を予約することもできる。市街地も近いので買い出しも便利。

バンガロー＆コテージ
ママ友と気軽にお泊まり!!

バンガロー（1泊11230円）が6棟ある。和室7.5畳で、ダイニング、シャワー、トイレ冷暖房を完備。布団5組、ポット、炊飯器、冷蔵庫、調理具などもそろう。

イラストアイコンで速攻チェック!!

いろいろ体験

三重（志摩）
しまおーときゃんぷじょう
志摩オートキャンプ場
☎0599-85-6500　三重県志摩市志摩町越賀2279
http://www.azuri.jp/

スタイルに合わせたアウトドアが充実！

　全面芝生のキャンプサイトや気軽に泊まれるバンガロー、フル装備のキャンピングハウス、一部ペット同伴OKのキャンプサイトもあり、スタイルに合わせたアウトドアを満喫できる。キャンプ場から徒歩3分のあづり浜ではシーカヤック体験や磯観察、魚釣りが可能。徒歩30分の金比羅山ではハイキングを楽しむことができ、海と山の自然を一度に体験できるのも魅力。
　初心者でも安心のキャンプ体験セットを選べば、手ぶらキャンプもOK！近隣には伊勢神宮、志摩スペイン村、鳥羽水族館などの観光スポットも充実。

多彩なキャンプスタイルを楽しむ事が出来る

シーズンには海水浴も楽しめるきれいなあづり浜

INFORMATION

◎ **予約方法**
電話またはインターネット

◎ **開設期間** 通年

◎ **料金** ※利用日により異なる
※個別サイト
1区画4000円〜7000円
※フリーサイト（期間限定）
1区画5000円〜6000円
※キャンピングハウス
1棟10000円〜20000円
※バンガロー
1棟8000円〜14000円
※ロフト付きバンガロー
1棟10000円〜17000円

◎ **サイト数**
※個別サイト：46サイト
※フリーサイト：10サイト
※キャンピングハウス：5棟
※バンガロー：5棟
※ロフト付きバンガロー：3棟

◎ **利用時間**
ゲートオープン:8:00〜21:00
キャンプ・バンガロー:IN14:00〜OUT12:00
キャンピングハウス:IN15:00〜OUT11:00

◎ **期間中休み**
不定休

◎ **備考（注意事項・周辺情報）**
銀行やガソリンスタンドなどは車で10分圏内にあり。

アクセス
東名阪自動車道伊勢西ICから車で約60分

ここにも注目!!

五右衛門風呂体験！

家族貸切シャワーの浴槽は珍しい五右衛門風呂！5名まで1200円で利用できる。繁忙期以外なら焚き付け体験もできるので、親子で薪での火起こしを楽しむのもおすすめ。

レンタル品ガイド

テント（設営・撤収付き）5000円〜、テント3500円、タープ1500円〜、BBQコンロ1600円、ランタン800円〜、シュラフ300円、毛布300円、テーブル1000円〜、チェア300円など

売店＆食材販売情報

ランタン、マントル等のキャンプ用品、ビール、ミネラルウォーターなどの飲料、調味料等を販売している。車で8分の場所にスーパー、5分の場所にコンビニがある。

バンガロー＆コテージ

ママ友と気軽にお泊まり!!

6畳のバンガローが5棟、ロフト付きバンガローが3棟、キャンピングハウスが5台あり、施設に応じた設備が魅力。利用料金は時期により変動があるので確認を。

イラストアイコンで速攻チェック!!

いろいろ体験

三重(志摩) ござしらはまかんこうのうえんきゃんぷむら

御座白浜観光農園きゃんぷ村

☎0599-88-3219　三重県志摩市志摩町御座878
http://www.campgoza.jp/

美しい景色とキッズも楽しめる体験が魅力

　弓なり状になった美しい海岸を見下ろせる絶景サイトが人気のアウトドア施設。隣接する海岸へは階段を下りて行くだけなので、潮風を感じながらアウトドアを満喫できる。小さな子どもでも簡単に楽しめるシーカヤックでの釣りや、英虞湾内での島巡りなど体験ツアーも豊富。
　炊事棟、温水シャワー(無料)、水洗トイレなど設備も充実し、初心者キャンパーにもおすすめ！三重県産の食材で豪快なアウトドア料理を堪能したり、美しい夕日を眺めたり、家族で自由なアウトドアを楽しもう。

静かなフォレストオートはリピーターに人気

波もほとんどない、湖のような磯場

INFORMATION

◎**予約方法**
電話もしくはHPフォーム

◎**開設期間** 通年

◎**料金**
※**施設利用料金**
大人500円、子ども300円、ペット300円

※**オートサイト**
1区画2000円〜

※**他**
フォレストオート、ヒルオート 2000円〜、グループサイト（10名以上）6000円〜

※サイト料金はシーズンにより料金が異なる。電源付のオートサイトは1泊500円増

◎**サイト数**
※**オートサイト**：60サイト

◎**利用時間**
IN14:00　OUT11:00

◎**期間中休み** なし

◎**備考（注意事項・周辺情報）**
2016年夏季より、宿泊施設新設予定。水洗トイレの個室はちょっぴり広めです。お子様連れでも安心。温水シャワーあり。

アクセス
東名阪自動車道伊勢西ICから車で約70分

ここにも注目!!

シーカヤックで海釣り体験！

親子で気軽にできるシーカヤックでの海釣り体験が大人気！安定性の高い本格シーカヤックを使用するので安心して楽しめる。その他にも様々なツアーを開催中。

レンタル品ガイド
レンタル品はないので、装備は各自で準備したい。

売店＆食材販売情報
管理棟にて炭や氷などの一部アイテムを販売。季節野菜などのサービスもあるが、食材は車で10分のスーパーで購入するか事前準備がおすすめ。

イラストアイコンで速攻チェック!!

いろいろ体験

三重(紀北)　きゃんぷいんみやま
キャンプinn海山
☎0597-33-0077　三重県北牟婁郡紀北町便ノ山271
http://camp-inn-miyama.com/

「山・川・海」の自然をまるごと体験！

　コテージやキャンプサイトなどの宿泊施設を備えるリバーサイドキャンプ場。透明度抜群の銚子川でカナディアンカヌーの浮遊体験もできる。魚が泳いでいるのをみることができ、まるで天然の水族館のよう。
　石やひのき、木の実を使った自然物クラフトやキャンプ場内のスタンプポイントを巡るスタンプラリーもこどもたちに大人気。毎日楽しめる。
　「ハイジのブランコ」や秘密基地のようなツリーハウスもあり遊び場が満載！とびっきりのアウトドア・フィールドで大自然を満喫しよう。

4月～8月に開催するアマゴつかみどり体験

ターザンロープで大胆な飛び込みに挑戦！

INFORMATION

◎**予約方法**
電話(受付時間9:00〜17:00)
予約は5ヶ月前の月の1日より受付可能。

◎**開設期間**　通年

◎**料金**
　※**入場料**
　大人:宿泊1泊1000円、日帰り500円
　子ども:宿泊1泊500円、日帰り250円
　※**オートキャンプ**
　リバーサイト:2100円〜3100円
　林間サイト:1550円〜1850円

◎**サイト数**
　※**オートサイト**
　　リバーサイト：40サイト
　　林間サイト　：30サイト
　※**コテージ**：15棟

◎**利用時間**
　オートキャンプサイト:IN14:00　OUT12:00
　デイキャンプ:10:00〜16:00
　炭火焼ハウス:10:00〜20:00

◎**期間中休み**
　水曜日（11月〜3月）
　その他、メンテナンス休業あり

◎**備考（注意事項・周辺情報）**
　ペットの入場、花火は禁止です(川原、手持ち花火も禁止)。センターハウス、コテージ、サニタリーは禁煙。熊野古道馬越峠まで車で10分、和具の浜海水浴場まで車で30分。

アクセス
紀勢自動車道海山ICより車で約13分

POINT! ここにも注目!!

ホタル鑑賞ができる

6月の毎週土曜日に開催されるホタル観察会では、その日に一番ホタルを観察できるポイントへご案内。6月中旬以降なら場内ビオトープ周辺でもホタルの観察ができる。

レンタル品ガイド

バーベキューコンロ1000円、焚火台500円、ハンモック500円、鉄板300円、卓上コンロ300円、ライフジャケット1000円、水遊び用ヘルメット500円、アクアスコープ500円、ドライヤー250円、土鍋300円など

売店＆食材販売情報

施設内で炭、氷、紙皿、チャッカマンなどアウトドアで活躍する品をはじめ、ビールやお茶などの飲料、カップヌードルなどを販売。調味料の販売もあり、充実の品ぞろえ。

バンガロー＆コテージ

ママ友と気軽にお泊まり!!

5人用、6人用、8人用の全15棟のコテージ（10,300円〜15,500円）があり、小さなこども連れでも利用しやすいバリアフリータイプも完備している。IN14:00　OUT11:00。

イラストアイコンで速攻チェック!!

いろいろ体験

三重(津) わかすぎのさときゃんぷじょう

わかすぎの里キャンプ場

☎059-269-3005　三重県津市白山町城立301
http://www.zc.ztv.ne.jp/wakasuginosatokk/

自然公園でアウトドア体験を楽しむ

　青山高原の麓に広がる自然公園内のキャンプサイト。全てのサイトにAC電源と野外炉を完備。市街地から離れた森林の中にあるため静かな環境でゆったりキャンプが楽しめそう。オートサイト以外に、木の温かみを感じられるログハウスもあるのでファミリーや初心者キャンパーにも安心。
　アマゴ・マス釣りが楽しめる釣り堀や、魚のつかみ取り、木工教室なども体験できるので、夏休みなどの自然体験に最適！多目的広場でスポーツを楽しんだり、川遊びも楽しめる。

ログハウスなら初心者でも安心して楽しめる　　子どもが喜ぶアウトドアレジャーが満載

INFORMATION

◎予約方法
　電話
◎開設期間　通年
◎料金
　※施設利用
　1人400円
　※オートサイト
　1区画4,500円
　※ログハウス
　1棟15000円〜
◎サイト数
　※オートサイト：15サイト
　※ログハウス：（5人用）5棟
　　　　　　　（10人用）10棟
◎利用時間
　IN14:00　OUT11:00
◎期間中休み
　不定休
◎備考（注意事項・周辺情報）
　ナイター完備の多目的運動広場などがあり、車で5分の場所にテニスコート，ゴルフ場，プールもある。水洗トイレとコインシャワー完備。

アクセス
伊勢自動車道久居ICから
車で約40分

ここにも注目!!
快適なログハウス！
緑の木々に囲まれた居心地の良いログハウスは、1棟1棟のスペースが広く、駐車スペースも完備しているので家族キャンパーに最適。10名タイプは、大人数でも楽しめる。

レンタル品ガイド
毛布200円、炊飯器1,000円、延長コード500円、バーベキューセット（大）1,000円、バーベキューセット（小）500円、さお300円、はんごう300円、鍋100円〜など

売店＆食材販売情報
キャンプ場内に売店はなし。食材やアウトドアグッズはあらかじめ準備してから行くのが良いだろう。

バンガロー＆コテージ

ママ友と気軽にお泊まり!!
木の温もりを感じられるログハウス（1棟15000円〜）にはキッチンスペースを完備。自然を感じながら、家族でアウトドアクッキングを楽しみたい人におすすめ！

イラストアイコンで速攻チェック!!

いろいろ体験

静岡(磐田)

りゅうようかいようこうえんおーときゃんぷじょう
竜洋海洋公園オートキャンプ場

☎0538-59-3180　静岡県磐田市駒場6866-10
http://www.ryu-yo.co.jp/AUTO/

ファミリーにおすすめ！設備充実キャンプ場

　天竜川の河口にあり、一大海洋リゾート地にあるアウトドア施設。こどもが喜ぶ海洋公園や昆虫公園をはじめ、川・海釣りが楽しめるスポット、売店やレストラン、温泉入浴施設のある「しおさい竜洋」に隣接し、ファミリーなど幅広い世代から人気を集めている。

　キッチンや電化製品など設備が充実したコテージや、AC電源付きのプライベート感溢れる区画サイトなどもあり、小さな子ども連れでも安心。カヌーや手漕ぎボート、海亀放流など様々な体験が出来る。

すべり台がある遊具場はこどもに大人気！

夏期には本格的なカヌー体験を楽しもう

INFORMATION

◎ **予約方法**
電話、FAX、インターネットから

◎ **開設期間** 通年

◎ **料金**
※**入場料**
大人360円（高校生以上）、小中学生250円、小学生未満は無料

※**フリーサイト**
1区画3080円

※**AC電源付区画サイト**
1区画5140円

※**AC電源付キャンピングカーサイト**
1区画6480円

◎ **サイト数**
※**オートサイト**：85サイト
※**コテージ**：12棟
※**トレーラーハウス**：1棟

◎ **利用時間**
IN13:00　OUT11:00

◎ **期間中休み**
なし ※メンテナンス休暇あり

◎ **備考（注意事項・周辺情報）**
場内での花火、音楽、カラオケ、発電機等の大きな音の出る物や行為は禁止。隣接する竜洋海洋公園にはプール、テニス場、幼児広場、アスレチックの設備がある。

アクセス
東名高速道路浜松ICから車で約30分
東名高速道路磐田ICから車で約30分

ここにも注目!!

ウェルカムイベントに参加しよう！

土曜日は（夏休み期間中は毎日）夕方4時からウェルカムイベントとして遊びイベントを開催。子どもたちが並んで一斉に靴やサンダルを飛ばす「くつとばし」は、誰でも簡単に参加可。

レンタル品ガイド

テント（4人用　3240円、6人用　3780円）、タープ　1620円、テーブル＆イスセット　1080円、BBQコンロ　1080円、自転車（幼児用はなし、補助輪付なし）1230円、釣り竿　300円、鍋　300円、炊飯器　1080円など

売店＆食材販売情報

売店では、炭（570円）薪（600円）氷（250円～）の販売があるが、食材販売はなし。隣接する「しおさい竜洋」では野菜を販売。スーパー、コンビニまでは車で約5分。

バンガロー＆コテージ

ママ友と気軽にお泊まり!!

3種類のコテージ（15120円～）と、デッキ付きトレーラーハウス（12960円）があり、ユニットバスやシャワー、トイレ、電化製品、食器、寝具などを完備。IN14:00～。

イラストアイコンで速攻チェック!!

岐阜(中津川) はなのこおーときゃんぷじょう

椛の湖オートキャンプ場

☎0573-75-3250　岐阜県中津川市上野589-17
http://www.hananoko-camp.jp/

湖畔で楽しむ四季折々のアウトドアライフ

　四季の移り変わりを感じながら、アウトドアを満喫できる湖畔のオートキャンプ場。湖畔を縁取るように咲く桜並木や、はなの湖に群生する「ハナノキ」の美しい紅葉など、季節によって表情を変える景色を堪能できる。全天候型のBBQハウスをはじめ、レクリエーションスポーツにおすすめの芝生広場、夏季限定で解放される徒歩池での水遊びなど楽しさいろいろ！

　テントサイトやコテージ、トレーラーハウスなど好みのサイトをチョイスして、美しい湖畔を眺めながら思い出に残るアウトドアを！

徒歩池は浅く、こどもも安心して遊べる

総ヒノキ造りの外観が印象的なコテージ

INFORMATION

◎予約方法　電話
◎開設期間
　3月〜11月
◎料金
　※施設利用料
　大人210円、小人100円
　※テントサイト
　1区画（定員5名）4860円
　※ウッディーハウス
　1棟9720円〜
　※トレーラーハウス
　1棟17490円〜
　※1泊電源利用料
　1030円
◎サイト数
　※オートサイト：65サイト
　※ウッディーハウス：5棟
　※トレーラーハウス：4棟
◎利用時間
　IN14:00　OUT13:00
　※ウッディーハウス、トレーラーハ
　　ウスはIN15:00　OUT10:00
◎期間中休み
　無休※臨時休業あり
◎備考（注意事項・周辺情報）
　場内へのペット同伴は可能だが、建
　物は入室不可。入浴料　大人410
　円、小人（5才以上〜中学生以下）2
　10円。シャワー3分100円。

アクセス
中央自動車道中津川ICから
車で約40分

POINT! ここにも注目!!

湖にカヤックを漕ぎ出そう！

椛の湖では自然を身近に感じられるカヤック体験が人気！他にも石窯でのピザ作り、UVレジンを使ったハンドメイド体験、夏にはマスのつかみ取り体験などが楽しめる。

レンタル品ガイド

テント4000円、タープ2000円、椅子400円、テーブル500円、布団一式820円、毛布200円、BBQコンロ（アミ＋鉄板）1000円、ランタン1000円〜、自転車1台1時間500円など

売店＆食材販売情報

センターハウスではキャンプ用品、薪、水、日用品などを販売。車で約15分の場所にコンビニとショッピングセンターがあるので、食材や足りないものはこちらで購入を。

ママ友と気軽にお泊まり!! バンガロー＆コテージ

山小屋を思わせるウッディーハウス（9720円〜）は5棟。小さいこども連れのファミリーなどに人気の宿泊施設。全てAC電源付きなので、電化製品や調理器具の使用もOK。

イラストアイコンで速攻チェック!!

遊具・広場・サイクリング

岐阜(本巣) ねおきゃんぴんぐぱーく
NEOキャンピングパーク
☎0581-38-9022　岐阜県本巣市根尾下大須1428-1
http://www.neocamp.or.jp/

雄大な自然にかこまれた充実施設

　ゆったりのびのびとアウトドアライフを楽しめるよう、約3ヘクタール(1万坪)の土地にオートキャンプサイトやコテージを広いスペースで配置。すぐ横に流れる「根尾東谷川」は、親子で気軽に川遊びができる人気のキャンプ場。

　こどもにうれしい遊具やじゃぶじゃぶ池、バーベキュー施設「みんなの広場」など充実施設も魅力的！釣り堀、野外クッキング、餅つき体験など季節ごとにイベントも開催している。前日までに予約が必要なイベントもあるので、詳しくはホームページで確認しよう。

コテージの庭先やテラスで行うBBQで別荘気分を

きれいな川が流れ、キッズも安心して楽しめる

INFORMATION

◎予約方法
電話8:30～17:00(利用日の3ヶ月前前の同日より)
インターネットHP 24時間(利用日の2ヶ月前の同日より)

◎開設期間　通年

◎料金
※オートサイト
1泊1サイト基本料金(4,320円)
施設料金(大人1080円、子供540円)
※3歳以上12歳未満を子供料金

◎サイト数
※オートサイト：57サイト
※コテージ：14棟

◎利用時間
オートキャンプサイト
(IN14:00～18:00)(OUT8:00～11:00)
日帰り利用時間(10:00～16:00)

◎期間中休み
年中無休(ただし場内整備等で休業する場合有り)

◎備考（注意事項・周辺情報）
コインシャワー(5分/100円)。
大浴場17:00～21:00(男女無料)。
家族風呂17:00～21:00(1人300円/要予約)。

アクセス
東海環状自動車道関広見ICより車で約1時間

ここにも注目!!

夏休みは「魚つかみ取り」！

夏休み期間中、毎日開催される人気イベント「魚のつかみ取り」。捕まえた魚は塩焼きなどにして美味しく食べてね。また、こどもたちへの自然学習にもおすすめ。是非参加してみよう。

レンタル品ガイド
自転車(大人、こども)1時間300円、テントセット1日4000円、クイックタープ1日1500円、ヘキサタープ1日1000円、ランタン1日500円、BBQグリル1日1000円、焚き火台1日1000円、スケーターバイク1時間300円、バスケットボール1日300円、グローブセットボール付1日500円など

売店＆食材販売情報
水(1.5リットル200円)、マシュマロ200円、お茶(1.5リットル300円)、カップラーメン200円、チューハイ200円、ビール300円、氷350円、ポテトチップス150円、薪500円などを販売。※仕入れにより変更あり

ママ友と気軽にお泊まり!!

バンガロー＆コテージ
コテージは全14棟あり広いスペースで配置されている。1泊1棟(基本料金19440円)施設利用料(1080円)。ご入場時間15:00からOKで、退場時間は10:00。

イラストアイコンで速攻チェック!!

岐阜(郡上)　ろっくふぃーるど・いとしろ

ロックフィールド・いとしろ

☎090-1740-4987　岐阜県郡上市白鳥町石徹白第80号字下折土33番
http://www.rockfield-itoshiro.com/

ゆったり自然散策や野鳥観察にオススメ

　福井県との県境に近い場所に位置し、雄大な大自然が広がる人気のアウトドアフィールドで、名峰白山から湧き出す清流、石徹白川の上流部にあるリバーサイドオートキャンプ場。夏でも涼しく快適で、ゆとりのあるサイトも人気の理由。見渡すところ全てが大自然で、森林浴を楽しんだり、サイクリングを満喫したり、楽しみ方もいろいろ。
　昆虫採集やバードウォッチング、春なら山菜採りもできる。場内は直火OKなので、ワイルド派のキャンパーにも人気！

適度にプライバシーが保たれる広々サイト

直火OKなので、隣でバーベキューも楽しめる

INFORMATION

◎予約方法
　HPから予約
◎開設期間　4月末～11月初旬
◎料金
　※入場料
　大人（中学生以上）200円、小学生以下（乳幼児含む）100円
　※非電源サイト
　1区画4000円～
　※電源サイト
　1区画5000円～
　※バンガロー
　1棟8500円～
◎サイト数
　※オートサイト（電源なし）：55サイト
　※オートサイト（AC電源付き）：125サイト
　※バンガロー：3棟
◎利用時間
　IN13:00　OUT12:00
◎期間中休み
　木曜（10月～6月）
　9月第一月曜～金曜、年末年始
◎備考（注意事項・周辺情報）
　ペット同伴可、シャワー室の利用は1回200円。デイキャンプ可（200円～）。

アクセス
東海北陸自動車道白鳥ICから高山方面へ車で約25分

POINT! ここにも注目!!

キャンプファイヤーもできる!

場内は全サイト直火OK！アウトドア料理はもちろん、キャンプの醍醐味であるキャンプファイヤーも体験できる（※要問合せ）。30組以上の宿泊者がいる場合は無料で開催！

レンタル品ガイド

テント5000円～、タープ1500円～、毛布300円、ランタン1500円、寝袋1500円、BBQコンロ3000円、鉄板1000円、網1000円、自転車（大人用・こども用）無料など

売店＆食材販売情報

一部アウトドアグッズと飲料を販売。スーパーまでは車で30分と距離があるので、食材や必要なアイテムはあらかじめ準備しておくのが良いだろう。

バンガロー＆コテージ

ママ友と気軽にお泊まり!!

6畳と8畳のバンガローを完備。8畳タイプは4人まで寝られる2段ベッドが設置されている。1棟1棟に距離があるので、グループや家族で盛り上がるのにも最適。

イラストアイコンで速攻チェック!!

三重(伊賀) しまがはらおんせんやぶっちゃ

島ヶ原温泉やぶっちゃ

☎0595-59-3939　三重県伊賀市島ヶ原13680
http://www.yabutcha.com/

天然温泉施設内にあるオートキャンプ場

　清流・木津川の渓谷美を見下ろす高台に建てられた島ヶ原温泉施設「やぶっちゃ」。露天風呂が楽しめる温泉のほか、パターゴルフ場、グラウンド・ゴルフ場、テニスコートが完備された総合遊具施設となっている。その一角にあるオートキャンプ場「野外施設　ゆうゆう鯛ヶ瀬」は設備も充実していて、ファミリーで安心して快適にキャンプができるぞ。

　11:00〜20:00まで利用できる食事処もあるほか、農産物直売所もあり、地元の新鮮野菜や果物、加工食品などが購入できる。

温泉利用時間は10:00〜21:00（受付〜20:30）

7/16〜8/末のみ利用できる水遊び場（1人210円）

INFORMATION

◎予約方法
施設利用日の3ヶ月前より電話で。
受付時間9:00〜21:00

◎開設期間　通年

◎料金
※オートサイトAサイト
（各サイトに炊事場・トイレ付）
1区画5250円（車1台、5名まで）
衛生管理費　1人110円
電源使用料　1泊1050円
※オートサイトBサイト
（炊事場・トイレは共用）
1区画4500円（車1台、5名まで）

◎サイト数
※Aサイト：14サイト
※Bサイト：17サイト

◎利用時間
IN14:00　OUT11:00

◎期間中休み
火曜（祝日の場合は営業）

◎備考（注意事項・周辺情報）
温泉利用の場合、入湯料は大人800円、小人400円。ペット連れでの利用は不可。サイト内は直火禁止で、各サイトの野外路を利用のこと。詳しくはWEBで。

アクセス
名阪国道大内ICから車で約15分

ここにも注目!!

レンタサイクルで風を感じて!

レンタサイクル（1時間500円）もあり。利用時間は9:00〜17:00。木津川の絶景を眺めながらサイクリングもオススメ。場内で遊べるこども用のバッテリーカーもあるぞ!!

レンタル品ガイド
レンタル品は事前予約が必要。タープ1張1570円、炊事セット（包丁・まな板）310円、ランタン（電池別）310円、シュラフ520円、バーベキューグリル1台1570円、鉄板・網・鍋（各310円）など

売店＆食材販売情報
炭（3kg）1050円、まき（1束）310円、着火剤（3個）100円などを販売。農産物直売所の「野良じまん」は9:00〜17:00の営業。伊賀市街（車で10分）にスーパーやコンビニが多数あり。

イラストアイコンで速攻チェック!!

三重(津) あおやまこうげんほけんきゅうようちきゃんぷじょう
青山高原保健休養地キャンプ場

☎059-269-3226　三重県津市白山町伊勢見4
http://zd.ztv.ne.jp/camp-aoyama/

青山高原の自然が満喫できるキャンプ場

　伊勢湾を望むロケーション抜群の避暑地としても名高い青山高原にあるキャンプ場。場内には、電源付きと電源なしのオートサイトやバンガロー、貸別荘（通年利用可）が用意されている。デイキャンプも可能な専用のバーベキューハウスは屋根付きなので、雨が降っていても安心して利用できるのがうれしい。

　本格的なパターゴルフや児童公園のほか、夏休み期間限定のプールは25メートルコースと小さな子ども用のこどもプールを完備している。

大自然の中でも快適に過ごせる貸別荘

本格パターゴルフも楽しめる

INFORMATION

◎**予約方法**
4ヶ月前の1日から電話にて

◎**開設期間**
4月1日〜10月31日

◎**料金**
※オートサイト
1区画4200円
※電源付き
1区画5250円
※持ち込みサイト
1区画3150円
※バンガロー
1棟8400円〜
※貸別荘
1棟21000円〜

◎**サイト数**
※キャンプサイト：59サイト
※バンガロー：8棟
※貸別荘：3棟

◎**利用時間**
IN13:00　OUT11:00

◎**期間中休み**
木曜（祝日の場合は翌日、GW、7.8月は休みなし）

◎**備考（注意事項・周辺情報）**
キャンプファイヤー（1か所、要予約）もできる。

アクセス
伊勢自動車道久居ICから車で約40分

POINT ここにも注目!!

遊び施設が充実！

テニスコート（1500円）やプール（大人700円、小学生400円）の他、本格的な18ホールのパターゴルフ（大人1200円、子ども1000円）など家族で楽しめる施設が充実。

レンタル品ガイド

毛布315円、シュラフ525円、バーベキューセット1050円、鉄板525円、飯ごう315円、包丁・まな板セット315円、やかん210円、鍋315円など

売店＆食材販売情報

インスタント食品、飲み物、お菓子をはじめ、炭（1080円）や薪（324円）などキャンプ用品も販売している。

バンガロー＆コテージ

ママ友と気軽にお泊まり!!

バンガロー8棟（定員6名、12名、30名）は人数に合わせた3タイプ。バス、トイレ、エアコン、テレビ、冷蔵庫完備の貸別荘3棟（定員4名、6名）も利用できる。

イラストアイコンで速攻チェック!!

静岡(富士) ふじさんこどものくにきゃんぷじょう
富士山こどもの国キャンプ場
☎0545-22-5552　静岡県富士市桑崎1015
http://www.kodomo.or.jp/

こどもたちが喜ぶ！楽しみ方満載のキャンプ場

　1日では遊び足りないほどの広大な敷地と、いろんな遊びが楽しめる施設が充実した、まさに子供の国！「街」「森の国」「草原の国」の3つエリアがあり、水遊びや広場、放牧場、アスレチックなど、こどもたちが喜ぶアウトドアレジャーが満載。限定イベントや自然観察、物作り体験などもあり、学習プログラムの一環としてもおすすめ。

　テントサイトのほかに、遊牧民族の住居を模した円形テント「パオ」での宿泊も可能！バリアフリーや和室タイプのホテルロッジもある。

低緑樹で仕切られたキャンプサイト

パオに泊って遊牧民体験を楽しもう！

INFORMATION

◎**予約方法**
静岡県施設予約システム「とれるnet」から予約。
※3か月前の1日から予約可能。

◎**開設期間**　通年

◎**料金**
※オートサイト
1区画3250円～
※キャンプサイト
1張800円～
※パオ
1棟小3250円～、大6500円～

◎**サイト数**
※オートサイト：24サイト
※テントサイト：10サイト
※パオ：16棟

◎**利用時間**
IN13:00　OUT11:00

◎**期間中休み**
10月～3月は火曜定休

◎**備考（注意事項・周辺情報）**
コインシャワー（5分）200円、コインランドリー洗濯機（1回）200円、乾燥機（40分）100円。園内では、ローラースケート、スケートボード、キックボード、自転車等の乗り物は利用不可。クレジットカードの利用不可。

アクセス
新東名高速新富士ICから車で約30分

ここにも注目!!

四季折々の遊びが満載！

3つのエリアではそれぞれ動物や水の生き物と触れ合ったり、植物の観察を行う遊びプログラムを開催中！季節によってイベントが異なるので、ホームページで確認しよう。

レンタル品ガイド

寝袋（大人用/1泊）1020円、寝袋（小人用/1泊）720円、バーベキューコンロ1020円、鉄板510円、金網510円、変わり種自転車（15分）200円など

売店＆食材販売情報

バーベキュー用食材セット（2人前/2800円）、薪や炭などのアウトドア用品、お土産などは販売しているが、生鮮食品はなし。必要な場合はあらかじめ用意して持参しよう。

バンガロー＆コテージ　ママ友と気軽にお泊まり!!

バンガロー・コテージはないが、ホテルロッジでの宿泊が可能。和室（12960円）、バス付きバリアフリー（10800円～）など多種多様なタイプがそろう。

イラストアイコンで速攻チェック!!

愛知(設楽) したらおーときゃんぷじょう

設楽オートキャンプ場

☎ 0536-65-0396　愛知県北設楽郡設楽町西納庫字石原2-1
http://www.soba-dojyo.com/

大自然の中でペットと楽しむアウトドア

　自然の地形を活かしたオートキャンプ場。川遊びや魚釣り、天体ドームでの天体観測など様々な自然体験を楽しむことができ、ファミリー層からの人気も高い。炊事場、コインシャワー、バーベキュー場などの施設も完備。こどもたちに大人気のトレーラーハウスやログキャビンもあり、多彩なサイトから選択が可能。
　ペット同伴もOKなので、一緒に川遊びや林道散歩などを楽しめるぞ。ペットを同伴する場合はホームページの注意事項の確認も忘れずに。

ユニークな造りのキッズハウスは大人気

こどもたちは川遊びに夢中！

INFORMATION

◎**予約方法**
電話(受付時間9:00〜17:00)
インターネット

◎**開設期間**　3月〜12月末

◎**料金** ※GW・夏期は季節料金あり
※**管理費**
大人550円、小人450円
※**オートサイト**
1区画3240円〜
※**トレーラーハウス**
1棟21600円
※**ログキャビン・キッズハウス**
1棟6480円

◎**サイト数**
※**オートサイト**：26サイト
※**トレーラーハウス**：1棟
※**ログキャビン**：18棟
※**キッズハウス**：8棟

◎**利用時間**
IN14:00　OUT11:00

◎**期間中休み**　月曜

◎**備考（注意事項・周辺情報）**
場内での投光器、ハロゲンライト等、発光の強い照明器具は使用禁止。ロケット花火、打ち上げ花火、爆竹、ねずみ花火等の禁止。詳しいルールはHPにてチェックを。

アクセス
東名高速道路名古屋ICより車で約80分

ここにも注目!!
魚つかみにチャレンジ！

夏期には場内にある庭園風の「つかみ取り場」で、魚のつかみ取りを楽しむことができる。身近に自然に触れ合える体験に、こどもたちも大興奮！ぜひチャレンジしてみよう。

レンタル品ガイド
「自然や道具を大切にする」「道具を選ぶ楽しみもキャンプの醍醐味のひとつ」というキャンプ場の考え方から、レンタルは行っていない。必要なキャンプアイテムは各自で準備していこう。

売店＆食材販売情報
薪や炭、氷などの販売はあるが、食材は事前準備がおすすめ。車で約10分の場所にスーパー、約13分の場所にコンビニがあるので、足りなくなったらここで購入を。

バンガロー＆コテージ
ママ友と気軽にお泊まり!!
ファミリーにおすすめのログキャビン全18棟(6480円)のほか、こどもに大人気のキッズハウス(6480円)を完備。どちらも開放的な気分を味わえる設計の宿泊施設。

イラストアイコンで速攻チェック!!

愛知(田原) きゅうかむらいらこおーときゃんぷじょう

休暇村伊良湖オートキャンプ場

☎0531-35-6411　愛知県田原市中山町大松上1
http://www.qkamura.or.jp/irako/camp/

サービス充実！愛犬とアウトドアを満喫

　渥美半島の突端近くに位置し「休暇村伊良湖」の施設に併設されたキャンプ場。サイトは海岸の松林の中に独立しているので、プライベート性もOK。海岸まで徒歩10分、潮風に吹かれながらのバーベキューやアウトドアはもちろん、施設内にあるテニスコートやグラウンドゴルフで汗を流そう。

　ドッグランも新設され、愛犬とのアウトドアライフにも最適。愛犬と泊れるペットコテージには、ケージやトイレ、足拭き用タオルなど様々なアイテムが準備されているのもうれしい。

気兼ねなく楽しめるのは独立型ならでは

愛犬が楽しめる広いドッグランを完備

INFORMATION

◎ **予約方法**
電話、インターネット

◎ **開設期間**
4月下旬〜10月の土曜・祝前日
（GW・夏休みは毎日営業）

◎ **料金**
※利用料
大人1名700円、子供1名600円
※持ち込み式オートサイト
1区画2060円
※常設オートテントサイト
1区画5350円
※コテージ
1棟13500円〜14000円
　※子ども料金あり

◎ **サイト数**
※持ち込み式オートサイト（直張り）：30サイト
※持ち込み式オートサイト（高床式）：13サイト
※常設オートテントサイト（高床式）：17サイト
※コテージ：20棟

◎ **利用時間**
IN13:00　OUT11:00

◎ **期間中休み**　なし

◎ **備考（注意事項・周辺情報）**
新設された大浴場で入浴が可能（利用時間15:00〜24:00、翌5:00〜9:00）。

アクセス
東名高速道路豊川ICから
車で約90分

ここにも注目!!

展望露天風呂でくつろげる！

休暇村伊良湖の施設内に新設された展望大浴場では、炭酸泉、にごり湯、薬湯などが楽しめる。朝と夜の男女入替制なので、それぞれ雰囲気の異なる湯浴みを満喫できる。

レンタル品ガイド

マキ1束400円、炭3kg650円、BBQコンロ1000円、鉄板500円、ダッチオーブン700円、鍋100円、フライパン100円、包丁100円、まな板100円、簡単タープ700円、毛布100円、電池式ランタン600円、軍手1組50円、蚊取り線香1巻50円など

売店＆食材販売情報

地元のお土産やジュース、菓子なども販売。コンビニも車で10分と近いので利便性も良い。施設内には飲食店も充実しているので、そちらも要チェック。

バンガロー＆コテージ

ママ友と気軽にお泊まり!!

隣の棟と距離があるので、グループで賑やかに過ごせるコテージも人気。20棟あるコテージのうち、10棟は愛犬と一緒に宿泊ができる。予約は早めがベター。

イラストアイコンで速攻チェック!!

ペットも一緒

岐阜(恵那) ねのうえこうげんほごのこきゃんぷじょう
根の上高原保古の湖キャンプ場
☎0573-65-3595　岐阜県恵那市東野2390-165
http://enasansou.net/camp/

幅広いキャンパーにおすすめのキャンプ場

　保古の湖に隣接するキャンプサイトは自然のレイアウトを活かした階段状の平坦地。小さなこども連れのキャンパーや、オーソドックスな正統派キャンパー、熟練エキスパートキャンパーのリピーターも多く、湖畔で様々なアウトドアレジャーを満喫できると評判だ。
　場内はペットとの同伴もOK（要リード）なので、一緒にアウトドアライフを楽しむことができる。施設内には家族で楽しめるグラウンド・ゴルフやマレットゴルフ、湖ではボート遊びもできるぞ!!

ボート遊びはキッズやファミリーに人気

グラウンド＆マレットゴルフにチャレンジ！

INFORMATION

◎ **予約方法**
インターネット、電話

◎ **開設期間**
通年

◎ **料金**
※**施設利用料**
1人540円
※**オートサイト**
1区画4320円
※**バンガロー**
1棟（6畳）8640円、（5.5畳）7200円

◎ **サイト数**
※**オートサイト**：42サイト
※**キャンピングカーサイト**：2サイト
※**バンガロー**：9棟

◎ **利用時間**
IN13:00　OUT11:00

◎ **期間中休み**　なし

◎ **備考（注意事項・周辺情報）**
花火は指定場所以外では使用不可。ペットはリードを着用で。恵那山荘にて入浴可（大人400円、子供300円）。23:00から翌朝6:00までは入口ドアを防犯上施錠。クレジットカード使用可。ゴミは原則持ち帰り。

アクセス
中央自動車道恵那ICから車で約30分

ここにも注目!!
ワカサギ釣りに挑戦!

保古の湖は冬期限定でワカサギ釣りが楽しめるスポットとしても評判！湖面が凍るまではボートと桟橋で、凍ったら桟橋釣りを楽しめる。季節により中止になる場合があるので確認を。

レンタル品ガイド
テント、タープ、毛布、調理器具、ランタン、BBQ用品など
※価格は予約時に問い合わせてね!!

売店＆食材販売情報
キャンプ場内には売店はなし。併設する施設内には売店もあるが、お土産や飲料などの販売のみ。食材などは購入できないため事前準備をしていくのがよい。

バンガロー＆コテージ

ママ友と気軽にお泊まり!!

湖畔に近いエリアに6畳タイプ（8640円）のバンガロー5棟と、5.5畳（7200円）のタイプのバンガロー4棟を完備。車を横付けして止められるので使い勝手もよい。

イラストアイコンで速攻チェック!!

岐阜（郡上）

えぬいーだぶりゅおくながらきゃんぷじょうあんどわんこ

N.E.W奥長良キャンプ場＆WANKO

☎0575-72-6620　岐阜県郡上市高鷲町鷲見1173

http://newhothot.com/

愛犬と愛犬家におすすめのキャンプ場

　全サイト外周に柵が設置され、ノーリードで心ゆくまで愛犬とキャンプを楽しめるのが魅力。一緒に泳げる「じゃぶんこ池」は、水が好きなワンちゃんにおすすめ！浅めに設計された「チビチビワンコ池」なら、小型犬でも安心して水遊びを楽しめる。思い切り走れるドッグランや、マス釣りが楽しめるつり池など、愛犬と家族が一緒に満喫できる施設が充実。

　場内にはコインシャワー、ワンちゃん専用シャワー、炊事場サニタリー棟なども完備しており、愛犬家はもちろん、ファミリーキャンパーにも人気だ。

アジリティ用具も設置された広々ドッグラン

自然の中でのんびりと釣りを楽しむのも良い

INFORMATION

◎ **予約方法**
電話（受付時間8:00～19:00）
インターネット（日により予約出来ない場合もあり）。

◎ **開設期間**
4月下旬～10月下旬頃

◎ **料金**
※入場料
大人（中学生以上）800円、
小人（小学生以下）無料
※テントサイト使用料
5100円～13900円
※料金はサイト、シーズンによって異なる。電源使用料 1000円

◎ **サイト数**
※テントサイト：32サイト

◎ **利用時間**
IN12:00　OUT11:00

◎ **期間中休み**
無休

◎ **備考（注意事項・周辺情報）**
コインシャワー（3分/100円）は24時間使用OK。ワンコシャワー（3分/100円）も完備しています。デイキャンプ混雑時以外可。牧歌の里温泉「牧華」まで車で10分。湯の平温泉まで車で10分。

アクセス
東海北陸道高鷲ICから車で約15分

POINT! ここにも注目!!

じゃぶんこ池で愛犬とスイミング

ワンちゃんも思わず飛び込みたくなる大きな「じゃぶんこ池」。大型から小型のワンちゃんまで楽しく遊べるので、愛犬と一緒に泳ぎながらスキンシップを楽しもう。

レンタル品ガイド

テントマット付　3000円、タープ2000円、シュラフ500円、毛布300円、ランタン500円、バーベキューコンロ2000円、テーブルセット1000円、カセットコンロ500円、飯ごう500円、鉄板500円など

売店＆食材販売情報

場内の売店では、木炭、薪、ロックアイス、飲料水、日用品、お菓子、着火剤、レトルト食品が販売されている。
　近隣には10分圏内にスーパーやコンビニがあるので買い出しには便利だ。食材など足りないものがある場合はこちらで購入しよう。

イラストアイコンで速攻チェック!!

ペットも一緒

岐阜(中津川) はなかいどうおーときゃんぷじょう
花街道オートキャンプ場
☎0573-82-3900　岐阜県中津川市付知町8593-22
http://www.shokokai.or.jp/21/2156410011/index.htm

付知川のリバーサイドでアウトドアを楽しむ

　付知川沿いにある自然豊かなキャンプサイト。国道257号にある道の駅「花街道付知」すぐ横に位置し、アクセスも良好。オートサイトは車を駐車し、さらにテントとタープを張っても余裕のゆったりスペースなので、周りを気にすることなくアウトドアライフを楽しめる。
　目の前に流れる清流、付知川のせせらぎに耳を傾けながら、バーベキューをしたり、ペットとの散歩を楽しんだり。移り変わる四季の景色を眺めながら親子で自然散策を楽しもう。

ゆったりと広いスペース。芝地が心地よい

木立に囲まれているので気候も穏やか

INFORMATION

◎ 予約方法
電話

◎ 開設期間　4月〜10月

◎ 料金
※オートサイト
1区画5000円
※バンガロー
1棟8000円

◎ サイト数
※オートサイト：17サイト
※バンガロー：3棟

◎ 利用時間
IN14:00　OUT11:00

◎ 期間中休み
無休　※臨時休業あり

◎ 備考（注意事項・周辺情報）
電話受付は「伊那屋」へ転送される伊那屋（0573-82-3118）。夏は源氏ホタル群生地で幻想的な夜を、付知川名物のアユ釣り等も楽しめる。毎年8月13日に付知川で花火が打ち上げあり。山々に響きわたる音と花火の美しさには定評がある。当オートキャンプ場でも見ることができる。

アクセス
中央自動車道中津川ICから車で約30分

ここにも注目!!

四季の自然美にどっぷり浸ろう！

場内からは緑の山々を眺めることができ、ロケーションも抜群。春は桜やつつじ、夏はホタル、秋は紅葉と季節によって変わる景色を堪能したい。

レンタル品ガイド

テント、タープ、シュラフ、毛布、飯ごう、薪、鉄板、鍋など
※価格などは要問い合わせ

売店＆食材販売情報

場内には売店はないが、コンビニまで徒歩3分、スーパー（2ヶ所）まで徒歩5分、ホームセンターまで徒歩5分と、近隣に購入できる施設が点在している。

バンガロー＆コテージ

ママ友と気軽にお泊まり!!

山小屋のような雰囲気が魅力のバンガロー（1棟8000円）は全3棟。駐車スペースもあるので、ファミリーでのアウトドアライフや、初心者キャンパーに最適。

イラストアイコンで速攻チェック!!

ペットも一緒

三重(志摩) いせしまござみさきおーときゃんぷじょう

伊勢志摩御座岬オートキャンプ場

☎0599-88-3319　三重県志摩市志摩町御座白浜950
http://www.gozamisaki.com/

海水浴も楽しめる海辺のリゾートキャンプ場

　美しい海と白砂のビーチはリゾート感でいっぱい！自然を満喫できるキャンプ場として、ファミリーやグループキャンパーから人気のアウトドアスポット。オートキャンプ・ロッジ・バンガローはペットの同伴OK！
　1のつく日はワンちゃんが無料になるなど、愛犬家に嬉しいサービスもあるので、ペットと一緒に楽しいアウトドアライフを過ごせるはず。
　近隣にはスペイン村、鳥羽水族館、伊勢神宮などの観光スポットも多数。各施設も管理が行き届いているので、安心して利用できる。

抜群のロケーションでキャンプが楽しめる

キャンピングカーでの利用もOK

INFORMATION

◎予約方法
　メール、電話、FAX、予約フォーム

◎開設期間　通年

◎料金
　※オートサイト
　1区画3000円～
　※バイクキャンプ
　1張1000円
　※バンガロー
　1棟7500円～
　※ロッジ
　1棟13000円～

◎サイト数
　※キャンプサイト：50サイト
　※バンガロー：10棟
　※ロッジ：20棟

◎利用時間
　IN13:00　OUT10:00

◎期間中休み
　無休　※臨時休業の場合あり

◎備考（注意事項・周辺情報）
　入浴料は大人600円、小人300円で利用可能時間は7:00～21:00。様々なシーズンキャンペーンなどを開催しているのでHPで確認しよう。徒歩1分で御座白浜海水浴場へ。

アクセス
伊勢自動車道 伊勢西ICから車で約50分

POINT! ここにも注目!!

多彩なロッジ！

ロッジは10畳～20畳までの6タイプから選択可能。広さ、お風呂の有無などシーンに合わせ選択を。全てのロッジ前で駐車可能、野外バーベキューもOK！

レンタル品ガイド

BBQコンロセット2500円、テーブル500円、イス200円、クイックシェード2000円、炭600円、薪600円、温水シャワー200円など

売店＆食材販売情報

売店（7:00～20:00）では各種燃料のほか、ジュース、ビール、氷などを販売。近隣には車で約10分の場所に大型スーパーがあるので、食材などはここで購入しよう。

バンガロー＆コテージ

ママ友と気軽にお泊まり!!

お値打ち6畳タイプからゆったり20畳タイプまでを完備。ペット同伴もOKなので、プライベート感を味わいたいキャンパーにぴったり！家族やグループで楽しいひとときを過ごそう。

イラストアイコンで速攻チェック!!

ペットも一緒

三重(明和) おいずにしかいがんむーんびーちきゃんぷじょう
大淀西海岸ムーンビーチキャンプ場
☎0596-55-3946　三重県多気郡明和町大淀大洲山2943-11
ttp://www.moon-beach.com/

海だ!プールだ!ミニゴルフもあるぞ!!

　伊勢湾を望む約3万平方メートルの松林を敷地にした白砂青松のロケーションが素晴らしいシーサイドキャンプ場。場内には売店、スライダー付きのキッズ向けプール、約30〜70ヤードのホールが7つあるショートコースのミニゴルフ場など多彩な施設があるのが魅力でペット同伴も可。
　サイトの目の前には青い海が広がり、シーズンには海水浴、潮干狩り、釣りも気軽に楽しめる。管理棟内には共用浴室(男女風呂)、別にシャワー棟(有料)もあるのもうれしい。

バンガローやコテージも充実してるぞ

ショートコースでゴルフリゾート気分も

INFORMATION

◎**予約方法**
宿泊予定日の2ヶ月前の1日に電話かホームページのフォームから受付。

◎**開設期間**
3月1日〜11月30日
※冬期も営業予定

◎**料金** ※シーズンにより異なる
　※オートサイト
　1区画3000円〜4000円
　※バンガロー
　1棟10000円〜14000円
　※コテージ
　1棟14000円〜21500円
　※他
　入村料1人200円
　ゴミ処分費1グループ200円

◎**サイト数**
　※オートーサイト：35サイト
　※オートフリーサイト：30サイト
　※バンガロー：4棟
　※コテージ：7棟

◎**利用時間**
　IN14:00　OUT13:00

◎**期間中休み**
　月曜(7月中旬〜8月は無休)
　年末年始

◎**備考（注意事項・周辺情報）**
トイレは敷地内に洋式・和式があり、両方とも水洗式。風呂は大人300円、こども200円。24時間使用可能な温水シャワーもある。

アクセス
伊勢自動車道松阪ICから県道59号・国道23号を経由して西へ約20km

POINT! ここにも注目!!

スライダー付きのミニプールがあり！

小さなこどもでも安心の水深の浅いプールにはスライダーも完備。小学生以上は少し深いスタンダードプールもある。大人もこどもも1日500円で出たり入ったりが自由。

レンタル品ガイド

毛布500円、鉄板300円〜、網300円〜、ランタン1000円〜、パラソル1000円、飯合500円、タープ・テント各1500円など

売店＆食材販売情報

売店では、薪、炭、ホワイトガソリン、着火剤、可燃ガス、板氷などを販売している。近くにコンビニやスーパーもあるので、食材の買い出しには不便はない。

バンガロー＆コテージ

ママ友と気軽にお泊まり!!

エアコン完備のバンガロー（10000円〜、4棟）やコテージ（14000円〜、7棟）がある。料金はシーズンにより異なる。タイプなどホームページに詳しく紹介。

イラストアイコンで速攻チェック!!

     一部該当

ペットも一緒

三重(伊賀) おーけーおーときゃんぷじょう
OKオートキャンプ場
☎0595-59-2079　三重県伊賀市島ヶ原12428
http://www.ok-autocamp.com/

愛犬と一緒に楽しめる開放的なキャンプ場

　忍者の里「伊賀」の木津川河畔にあり、広く開放的な雰囲気溢れるキャンプ場。愛犬とフリスビーやボール投げができる広場をはじめ、ネットが張ってある広場もありバレーボールやバドミントンなどスポーツも楽しめる。遊び道具の無料貸出しなどうれしいサービスも。
　木津川での釣りや川遊び、バードウォッチングなど遊びどころも満載！施設内では乗馬やハイキング、クラフト体験ができるほか、近隣には温泉など観光施設も豊富だから、連泊して満喫するのがオススメ。

馬と触れ合える引き馬（500円）も人気

桜、紅葉など四季を感じられるのも魅力的

INFORMATION

◎ **予約方法**
電話(受付時間9:00〜17:00)
インターネット予約

◎ **開設期間**　3月中旬〜11月下旬

◎ **料金**
　※オートサイト
1区画1泊5400円/車1台5名まで
AC電源使用料1080円(要予約)
※6人目から1人につき1080円アップ
　2台目から1台につき1620円アップ

◎ **サイト数**
　※オートサイト：78サイト(100㎡区
　　画型、内AC電源付:24区画)
　※ログバンガロー：8棟

◎ **利用時間**
オートキャンプサイト(IN13:00〜17:00)(OUT7:00〜12:00)
ログバンガロー(IN14:00〜17:00)(OUT7:00〜11:00)

◎ **期間中休み**
無休(メンテナンス休日あり)

◎ **備考（注意事項・周辺情報）**
ペットと一緒に利用する場合、リード着用などの管理が必要。施設内は 温水シャワー(4分/200円)のみ利用可能。近隣に島ヶ原温泉などの温泉施設もあり。デイキャンプも可。伊賀上野公園まで車で15分、モクモク手づくりファームまで車で35分。

アクセス
〈名古屋方面から〉名阪国道・伊賀一之宮ICから車で15分　〈大阪方面から〉大内ICから車で10分

ここにも注目!!

クラフト教室が楽しいぞ!

クラフト教室では、石に絵を描くストーンペインティングを行っています。開催日時や教室内容などの詳細は予約受付の際にチェックしよう！キャンプの思い出を創作しよう!!

レンタル品ガイド
テント3000円、マット500円、コンロ1300円、タープ1500円、シュラフ600円、飯ごう300円、テーブル500円、マウンテンバイク子供用500円(1時間)、ランタン500円、イス300円など

売店＆食材販売情報
氷(300円)、炭(550円)、薪(400円)、ホワイトガソリン(1000円)、調味料(100円〜)などを販売。スーパーまでは車で15分、コンビニまで車で7分と近隣に販売施設もある。

ママ友と気軽にお泊まり!!

バンガロー＆コテージ
6帖のログバンガロー(1泊12960円/車1台・5人まで)もあり、ファミリーでの使用に最適！毛布などのレンタルも可能。棟数が限られているので、早めの予約がベター。

イラストアイコンで速攻チェック!!

ペットも一緒

三重（志摩） いせしまえばーぐれいず
伊勢志摩エバーグレイズ
☎0599-55-3867　三重県志摩市磯部町穴川1365-10
http://www.everglades.jp/

多彩な宿泊スタイルのアウトドアリゾート

　伊勢志摩市国立公園内にある、広大で豊かな自然を満喫できるアメリカンアウトドアリゾート。水辺ではカヌーやペダルボードで気軽に水上散歩が出来るのも魅力的で、ジャングル探検ができるカナディアンカヌーは、乗り方の指導もあり初心者でも安心。夏季限定プールはキッズにも大人気！
　約800平方メートルのドッグランは、大型犬と小型犬に分かれており自由に楽しめる。欧米スタイルで味わうアメリカンBBQなど食事メニューも評判。本場アメリカさながらの雰囲気を味わってみて。

カヌーエクスプローラーで迷路コースを探検

夢のような癒しの空間で海外気分を満喫

INFORMATION

◎予約方法
電話(午前9:00〜17:00まで。予約受付は3ヶ月前の同日から)。
インターネット(24時間。予約受付は3ヶ月前の同日から)※ネット予約の場合は、ユーザー登録が必要。

◎開設期間　通年

◎料金
※テントサイト
3,500円〜
ペット宿泊料金(1頭1泊/800円)
大人追加料金(1人1泊/1,600円)
追加駐車場料金 1台1泊(1,000円)
※ほか、グランピングプランなどもあり。お問い合わせください。

◎サイト数
※テントサイト:18区画
※キャビン:29棟
※トレーラーホーム:22棟
※グランピング:4棟

◎利用時間
IN13:00　OUT12:00

◎期間中休み　不定休

◎備考(注意事項・周辺情報)
ペット一部宿泊施設不可有り、頭数・犬種制限有り。

アクセス
第二伊勢道路白木IC(伊勢自動車道・伊勢二見鳥羽ライン経由)より約10km

POINT! ここにも注目!!

毎日がイベントデー

365日kidsイベントはハロウィンやビンゴパーティーなど、様々なアメリカンカルチャーを楽しく体験できる。予約が必要なイベントもあるので予約締切日などの確認を。

レンタル品ガイド

カナディアンカヌー(2000円〜)、ペダルボート(1000円〜)、レンタルサイクル(500円〜)、ランタン(800円〜)、ハンモック(1000円)、ブランケット(300円〜)、シーツ(300円〜)、ダッチオーブン10インチ(1000円)、weberBBQグリル(500円)など

売店＆食材販売情報

マシュマロ(330円)、着火剤(290円)、炭(900円)、かちわり氷(320円)、薪(540円)、食器洗剤(210円)、BBQ網(300円)、軍手(100円)など

バンガロー＆コテージ
ママ友と気軽にお泊まり!!

充実のハウス施設に注目。キャビン29棟(9100円〜)、トレーラーホーム22棟(13400円)、グランピング4棟(38100円〜)。IN14:00〜OUT11:00。

イラストアイコンで速攻チェック!!

ペットも一緒

静岡(富士宮) いのがしらおーときゃんぷじょう

猪の頭オートキャンプ場

☎0544-52-0885　静岡県富士宮市猪之頭2350
http://inokashira.ac/

東海自然歩道に面した抜群の自然環境でゆったり

　富士山の裾野にあり、東海自然歩道に面する大自然の中にあるキャンプ場。「自然に抱かれながら癒される」をコンセプトにペット連れ、直火、花火なども可能。ニジマスのつかみ取りや釣り、流しそうめんが楽しめるほか、6月には美しく舞うホタル鑑賞もできる。たっぷり遊んだ後は、御影石でできた浴槽でお風呂でゆったり。24時間管理、設備充実で安心!!
　自然のロケーションをできるかぎり崩さずに配置された富士の焼砂を敷き詰めたサイトは、水はけも良く快適に過ごせる。

シーズンには賑わう場内のニジマスの釣り堀

場内には2ヶ所の流しそうめん場が用意（7月～9月）

INFORMATION

◎ **予約方法**
電話

◎ **開設期間**
3月第三土曜〜11月30日、年末年始

◎ **料金**
※オートサイト
1区画5000円※5名まで
※他
AC電源（1泊）1000円
追加駐車台（1台に付き）1000円

◎ **サイト数**
※オートサイト：80サイト
※トレーラーハウス：1棟
※キャビン：3棟

◎ **利用時間**
IN13:00 OUT12:00

◎ **期間中休み** なし

◎ **備考（注意事項・周辺情報）**
流しそうめん場を使いたい場合は予約時に伝える。管理人は24時間常駐し救急薬品を常備しています。場内放送設備、自動販売機、売店あり。富士宮市街にスーパーがあり。買物は入場する前に済ませたほうが便利です。直火で調理する際のかまどブロックを無料貸し出ししています。ウォシュレット付きトイレあり。

アクセス
新東名高速道路新富士ICから国道139号線を北へ約15km

ここにも注目!!

御影石の湯船で癒される!

場内には入浴施設があり、豪華な御影石で造られた湯船でゆったりお風呂に入れる。6:00〜22:00まで利用でき、1時間毎の男女入替え制で、コインシャワーは2分間で100円。

レンタル品ガイド
シュラフ500円、鉄板500円、網のほか、ランタンやハンモックの貸し出しもあり。マウンテンバイク（1時間300円）のレンタサイクルもある。

売店＆食材販売情報
施設内の売店では、薪400円、炭1kg500円のほか、調味料や虫除けの薬、氷などを販売。生鮮食品は販売していないが、車で8分ほどの場所にコンビニがある。

ママ友と気軽にお泊まり!! バンガロー＆コテージ

5名利用のトレーラーハウス（11000円）、4名利用のログ作りのかわいいキャビン（9000円）がある。室内へのペット連れは不可。電源、テラス付き。

イラストアイコンで速攻チェック!!

企画・編集

取材・編集プロダクション
有限会社 地球デザイン

【取材・撮影・執筆】

● 近藤大介
テレビの番組制作会社などを経て、地元情報誌に入社後、編集長も経験。
現在は地元誌・全国誌の編集業務を行う。

● 長岡真衣
地元情報誌での勤務経験を持つ。
現在は育児と仕事を両立しながら、情報誌など編集ライターとして活動中。

● 篠原史紀（有限会社地球デザイン 代表取締役）
東海や関西のガイドブックなどの企画・取材・撮影を行うフリーランス・エディター
日本ペンクラブ、日本劇作家協会会員

DTPデザイン●地球デザイン・篠原由美
編集協力●横田由美・横田成美

東海 親子で行きたい！ファミリーキャンプ場完全ガイド

2016年4月30日 第1版・第1刷発行

著 者	地球デザイン（ちきゅうでざいん）
発行者	メイツ出版株式会社
	代表者 前田信二
	〒102-0093 東京都千代田区平河町一丁目1-8
	TEL：03-5276-3050（編集・営業）
	03-5276-3052（注文専用）
	FAX：03-5276-3105
印 刷	三松堂株式会社

●本書の一部、あるいは全部を無断でコピーすることは、法律で認められた場合を除き、著作権の侵害となりますので禁じます。
●定価はカバーに表示してあります。
Ⓒ地球デザイン, 2016. ISBN978-4-7804-1740-1 C2026 Printed in Japan.

メイツ出版ホームページアドレス　http://www.mates-publishing.co.jp/
編集長：折居かおる　　企画担当：堀明研斗　　制作担当：清岡香奈